스크래치와 함께하는 **창의**

Level - 2

경인교육대학교 스크래치팀

서평

제가 스크래치를 알고 나서 지난 4년간 저희반 아이들 함께 매주 한번씩 스크래치를 공부하고 있는데 아이들이 너무 재미있어 해요. 매주 아이들이 스크래치를 배우면서 컴퓨터로 이런 새로운 것을 할 수 있구나 하는 기쁨을 느끼면서 컴퓨터실만 가면 "스크래치해요. 스크래치해요."하면서 조르곤 한답니다. – 초등학교 교사 서희정 님

초등학교에서 스크래치를 5년 이상 가르치고 있는데 스크래치는 아들의 창의력과 상상력을 발현시켜 주는 굉장한 도구라고 생각합니다. – 초등학교 교사 김형석 님

아이들에게 스크래치를 가르쳐 본 결과 아이들이 창의적으로 자신을 표현할 수 있는 프로그래밍 도구라고 생각합니다. 특히, 다양한 방법으로 아이들의 사고를 컴퓨터프로그래밍으로 표현함으로써 21세기 핵심학습자 역량을 키우는데 아주 큰 도움이 되는 도구라고 생각합니다. – 초등학교 교사 김안나 님

원래는 프로그래밍이라고 하면 어렵다고 생각하는데 스크래치는 쉽게 접근할 수 있는 것 같아요. 이 프로그램이 얼마나 재미있는지 다른 애들한테도 얘기해주고 싶고 스크래치가 전국에 퍼져서 학교에서도 사용하며 좋을 것 같아요. – 초등학생

스크래치는 재미도 있고 이것을 다양하게 더 좋은 방법으로 활용할 수 있을 것 같아요. 친구들에게 쉽고 재미있게 게임을 만들 수 있는 좋은 프로그램이라고 소개해서 친구들과 함께 생각을 주고받으며 프로그래밍하면서 놀고 싶어요. – 초등학생

아들이 스크래치 프로그램을 배우고 컴퓨터로 자신이 원하는 것을 만들어봄으로써 수학과 전산아이디어를 배우고 창의적이고 체계적인 프로그램을 접하게 되어 좋았습니다.
앞으로 IT강국이 되기 위해서는 융합적인 사고와 창의적사고를 함께하는 스크래치 프로그램이 더 확산되어 많은 학생들에게 기회가 돌아갔으면 좋겠습니다. 컴퓨터에서 주어지는 프로그램의 수동적인 자세에서 직접 자신이 참여하여 프로그램을 개발하는 점이 달라졌습니다. – 초등학교 4학년 이지원 학생 학부모 박문수 님

스크래치는 혁신 그 자체이다. 처음 스크래치를 접하였을 때는 내 손으로 직접 게임을 만들어 본다는 사실이 매우 낯설고 두려웠다.
하지만 스크래치를 배움으로써 내 스스로 무엇인가를 창조하는 재미에 푹 빠지게 되었다. 점점 더 새로운 것들을 시도해보고 싶고, 만들어 보고 싶은 욕심이 생겼다. 스크래치는 그야말로 아이 들의 창의성 증진에 없어서는 안 될 프로그램이다. – 경인교육대학교 학생 박은미 님

창의력을 중요시하는 교육 추세에 맞는 프로그램이다. 스크래치를 하면서 게임을 고안하면서 사고력과 창의력을 신장할 수 있고, 흥미를 유발하여 수업 집중도도 향상 시킬 수 있는 등 많은 장점을 가지고 있는 프로그램이다. 나중에 교사가 되어서 수업시간 때, 꼭 애용하고 싶은 프로그램이다. – 경인교육대학교 학생 김유미 님

스크래치 2.0버전 다운받는 방법

2013년 5월부터 스크래치 2.0이 발표되면서 스크래치 홈페이지 메인 화면에서 2.0 버전을 다운 받을 수가 있습니다.
지금부터 스크래치 2.0 버전을 다운 받는 방법을 안내해드립니다.

step 1. 스크래치 홈페이지에 접속합니다.
   스크래치 홈페이지 주소 : http://scratch.mit.edu

step 2. 화면 상단 메뉴에서 '도움말'을 클릭합니다.

step 3. Resource 목록에 있는 2.0 Offline Editor 를 선택합니다.

Scratch 2 Offline Editor
Download the Scratch 2 offline editor.

Step 4. 자신의 운영체제에 맞는 스크래치 프로그램을 다운 받습니다.

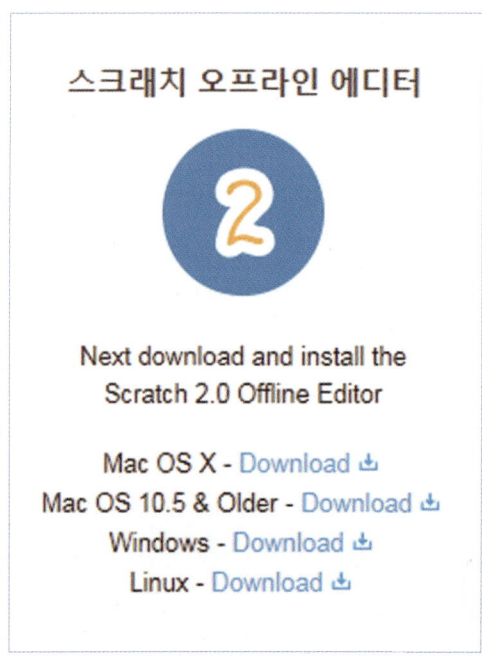

목차

Part 1. **Hello my friend** _7

Part 2. **Dance Time ~~** _15

Part 3. **쥐를 잡자, 쥐를 잡자~!** _25

Part 4. **물고기 잡기 1** _34

Part 5. **물고기 잡기 2** _47

Part 6. **핑퐁 핑퐁~ 벽돌 깨기 Ⅰ** _58

Part 7. **핑퐁 핑퐁~ 벽돌 깨기 Ⅱ** _71

Part 8. **미로게임 1** _85

Part 9. **미로게임 2** _97

Part 10. **나만의 프로젝트 구상하기** _112

Part 11. **나만의 프로젝트 제작하기**

Part 12. **나만의 프로젝트 제작하기** & _118

활용방법

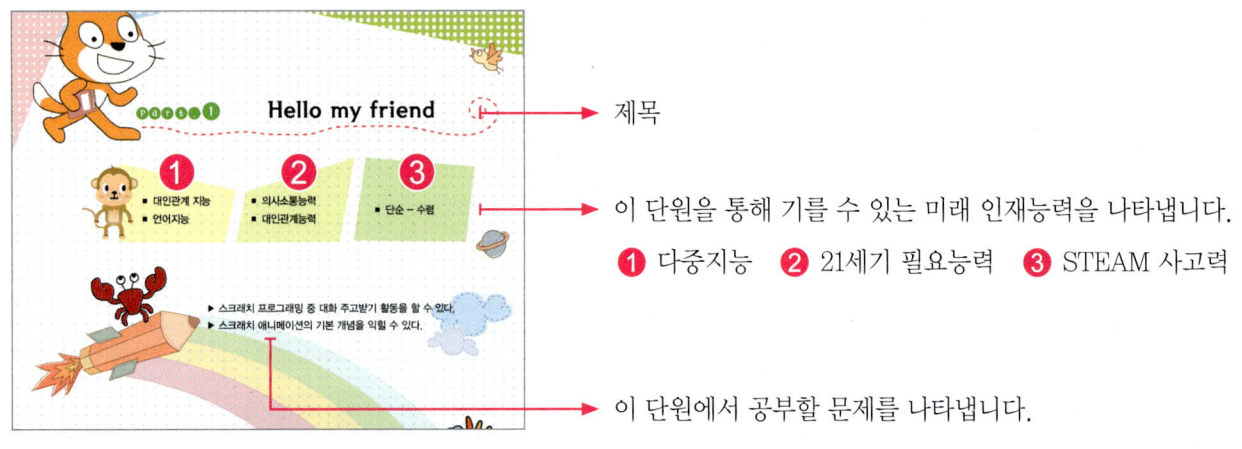

→ 제목

→ 이 단원을 통해 기를 수 있는 미래 인재능력을 나타냅니다.
❶ 다중지능 ❷ 21세기 필요능력 ❸ STEAM 사고력

→ 이 단원에서 공부할 문제를 나타냅니다.

여러분의 미래사고력을 향상시킬 수 있는 질문입니다.
다양한 생각을 시도해 보세요.

본 교재는 다음과 같은 학습단계로 이루어져있으며,
경인교육대학교 IE-LAB 스크래치 팀에서 수정한 디자인기반학습*을 사용하여 만들었습니다.

이야기를 통해 여러분의 생각을 열어 보세요

여러분의 생각을 여러가지 방법으로 표현해 보세요

여러분 만의 이야기와 작품을 만들어 보세요

배운 것을 다른 것에 응용해 보세요

여러분의 생각을 발전시켜 보세요

*디자인기반학습방법 : 미국 MIT에서 스크래치 교육방법으로 사용하는 학습방법이며, 스탠포드 대학의 D-school에서 활용하는 방법입니다. 우리나라에서는 STEAM 교육에도 활용되고 있으며, 본 교재에서는 우리나라 초등학생의 수준에 맞게 학습 단계를 수정하였습니다.

Part. 1　Hello my friend

- 대인관계 지능
- 언어지능

- 의사소통능력
- 대인관계능력

- 단순 – 수렴

▶ 스크래치 프로그래밍 중 대화 주고받기 활동을 할 수 있다.
▶ 스크래치 애니메이션의 기본 개념을 익힐 수 있다.

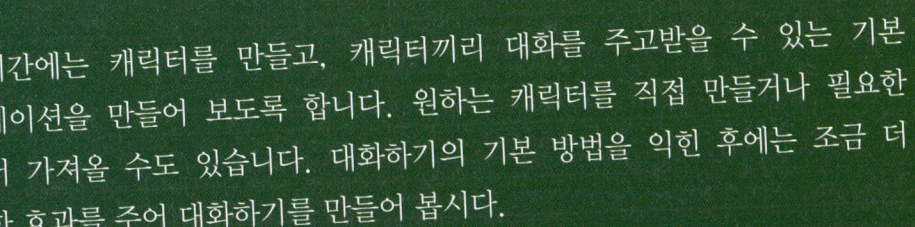

이번시간에는 캐릭터를 만들고, 캐릭터끼리 대화를 주고받을 수 있는 기본 애니메이션을 만들어 보도록 합니다. 원하는 캐릭터를 직접 만들거나 필요한 곳에서 가져올 수도 있습니다. 대화하기의 기본 방법을 익힌 후에는 조금 더 다양한 효과를 주어 대화하기를 만들어 봅시다.

8 스크래치와 함께하는 창의 놀이터

생각열기

아래 이야기의 내용을 상상하며 읽어 봅시다.

민호 : 어제 밤에 TV에 나온 '소녀시대' 봤어?

나운 : 근데 나는 지금 햄버거가 더 먹고 싶어.

민호 : 점심시간이 다 되가는데 배고프다. 떡볶이 사먹으러 가자.

나운 : 나 어제는 일찍 잠들어서 못 봤어.

위의 민호와 나운이가 나눈 이야기를 읽고 어떤 생각이 들었나요?
혹시 여러분도 무엇인가 이상하다는 느낌이 들었나요?
그렇게 생각하게 된 이유는 무엇 때문인가요?

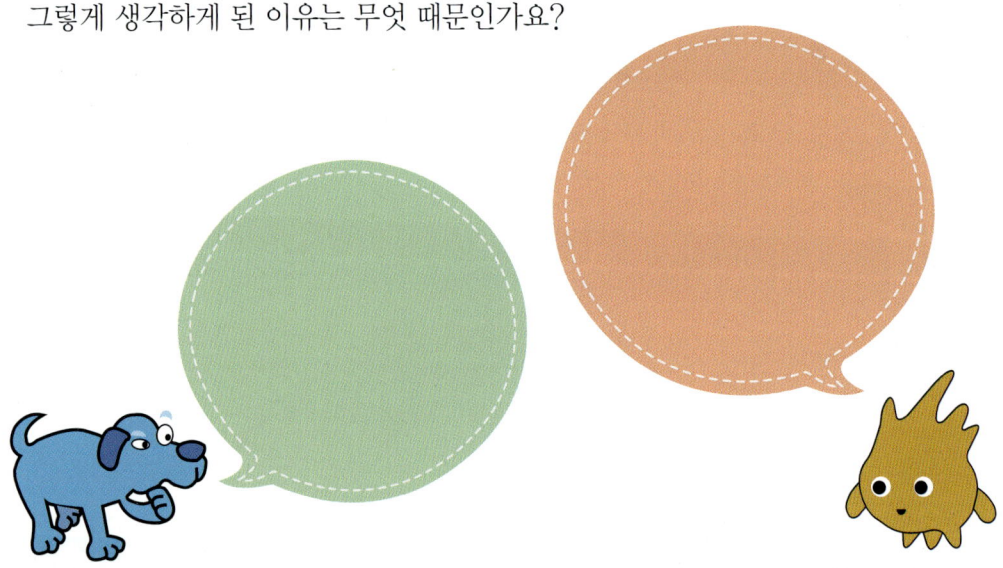

순서를 생각하며 대화를 주고 받을 수 있도록 하려면 어떻게 해야 할지 생각해 봅시다.

등장인물 간에 대화할 때 생각해야 할 점에는 무엇들이 있는지 떠올려보고 대화를 만들 준비를 해 봅시다.

Part 1. Hello my friend   9

생각 꺼내기

대화하기 애니메이션에 필요한 등장인물을 가져오는 방법을 생각해 봅시다.

Step 1. 대화를 주고받을 때 질문과 대답사이에 필요한 시간을 어떻게 처리할지 고민해 봅시다.

① 첫 번째 사람이 대화의 질문을 던지고 대답을 기다려야 합니다. "제어"에서 블록을 선택하여 봅시다.

말을 하고 난 뒤, 상대방이 대답을 하기 까지 기다리는 것은 다른 스프라이트의 행동에 대해서 기다리는 것이므로 "제어"에서 찾으면 되겠지요?

② 말을 하는 것은 바로 " 형태 "에서 무엇인가를 활용해야 합니다.

10 　　　스크래치와 함께하는 창의 놀이터

생각 만들기

먼저 여러분이 친구랑 만나서 할 수 있는 간단한 대화 상황을 만들어 봅시다.

이야기에 나오는 등장인물을 여러분이 원하는 대로 만들어도 좋고, 대화 내용 및 대화의 길이도 마음대로 만들어 낼 수 있습니다.

우선은 기본적인 이야기의 내용이 필요하겠죠? 간단한 인사하기부터 복잡한 대화 주고받기 까지 자유롭게 만들어도 좋습니다.

Logical Thinking

스프라이트 간에 대화를 한다는 것은 저절로 대화를 주고받는 것이 아니라, 여러분이 직접 스프라이트의 행동을 조절한다는 것을 의미합니다.

Part 1. Hello my friend

이야기를 다 만든 후에는, 스크래치 프로그래밍을 할 때 주의해서 명령어를 넣어야 할 부분에 체크를 해 봅시다. 명령어의 순서나 종류가 틀리지 않도록 정확하게 집어내는 것이 중요합니다.

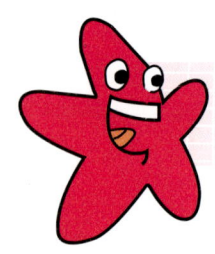

생각 다지기

지금 부터는 여러분들이 생각 만들기에서 만든 이야기를 가지고 직접 대화하기 애니메이션을 만들어 봅시다.

Logical Thinking

★ 애니메이션에서 대화를 주고받을 때 기다리기를 사용하는 이유는 무엇 때문이라고 생각합니까?

★ 혹시 기다리기가 아닌 다른 방법을 사용해서 대화를 주고받을 수 있는 방법은 없을 지 한번 생각해봅시다.

아래에 나와 있는 블록들을 사용되는 순서에 맞게 화살표로 연결해 봅시다.
한 블록이 여러 번 사용되어도 좋습니다.
(안에 있는 내용이나 숫자는 여러분 마음대로 변경이 가능합니다.)

[Hello! 을(를) 2 초동안 말하기]   [X: 0 y: 0 이동하기]

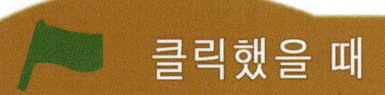

Part 1. Hello my friend

생각나아가기

캐릭터가 움직이며 대화를 주고 받는 것을 만들어 봅시다.

① 애니메이션에 등장할 등장인물을 만듭니다.

② 등장인물 중 고양이의 스프라이트입니다. 처음에 움직이는 위치를 정해주고 천천히 움직여 오면서 대화를 시작하는 명령어입니다.

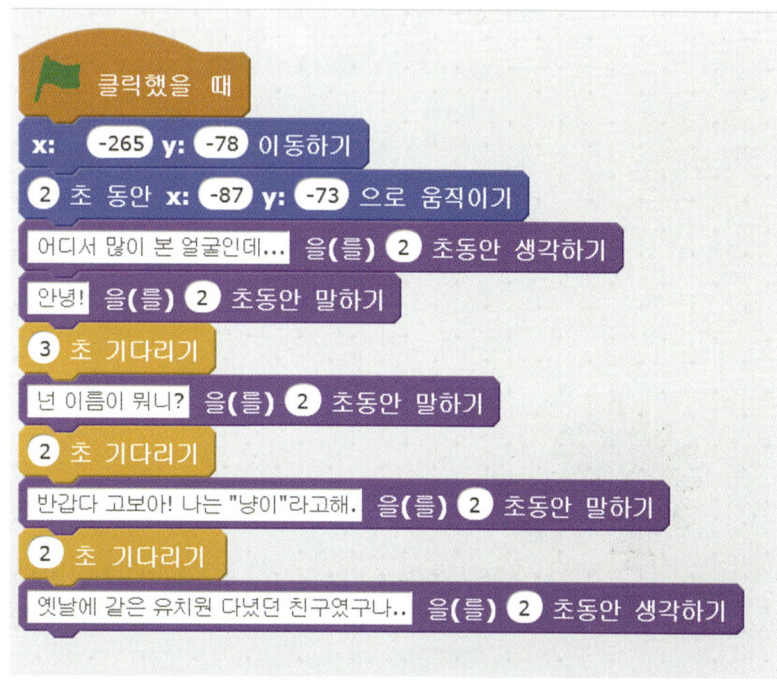

③ 다른 캐릭터의 스프라이트입니다. 고양이가 말하는 것에 대한 대답과 이야기를 합니다. 마찬가지로 고양이 캐릭터처럼 움직이면서 대화를 하도록 구성되어있습니다.

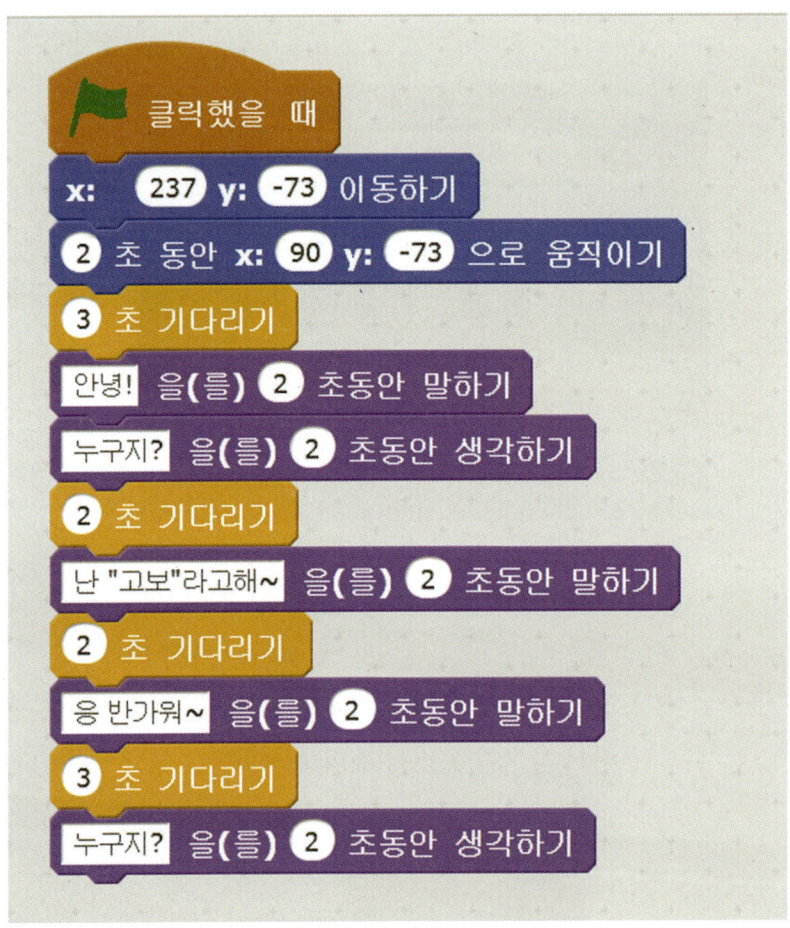

Tip!

동작과 형태에 있는 다양한 블록을 이용하면 캐릭터가 돌거나, 색깔이 바뀌는 효과도 나타낼 수 있습니다.

Part.2 — Dance Time ~~

- 논리수학지능
- 공간지능, 신체지능

- 정보처리능력

- 복잡-수렴

▶ 스프라이트의 모양 가져오기를 통하여 움직이는 듯 한 애니메이션을 구성할 수 있다.

▶ 스프라이트끼리의 통신을 통하여 동작순서를 제어할 수 있다.

본 수업에서는 스크래치를 활용하여 한편의 애니메이션을 보는 듯한 효과를 줄 수 있도록 구성을 해 보겠습니다. 스프라이트가 살아 움직이는 것처럼 보인다면 신기하겠지요? 그리고, 각 스프라이트간에 통신을 통하여 더욱 완성도 높은 애니메이션을 구성해 볼 수 있습니다. 이 단원에서 배우는 내용은 중요한 내용이니까 꼭 익혀보도록 하세요.

생각 열기

여러분은 혹시 만화영화의 원리를 알고 있나요? 만화영화는 사진처럼 정지된 화면을 빨리 넘겨 다음 화면을 보여줌으로써 그 인물이 살아 움직이는 것처럼 보입니다.

이제 직접 움직이는 인물을 만들어 봅시다. 아래의 그림을 보면
breakdancer 1-a 부터 breakdancer 1-c 까지의 스프라이트가 있습니다.

이 세 개의 그림을 가지고 어떻게 하면 움직이는 것처럼 보일까요?
직접 스크립트를 구성하기 전에 머릿속으로 알고리즘을 생각해 보고,
아래의 빈칸에 스크래치의 작업내용을 간단히 적어봅시다.

Part 2. Dance Time ~~   17

생각 꺼내기

지금부터는 여러분이 생각한 내용을 직접 스크래치 프로그램으로 만들어 봅시다.

Step 1. 앞의 새로운 스프라이트를 불러오는 화면에서 세 개의 스프라이트를 움직이는 캐릭터로 만들려면, 각각의 스프라이트를 모두 불러와야 합니다.

> 세 개의 스프라이트를 새로운 스프라이트로 무대에 가져와서는 절대 안되요!

저장소에서 새로운 스프라이트 클릭한 후 전체 목록에서 사람들을 선택합니다.

breakdancer1 스프라이트를 선택하고 확인합니다. 모양 탭을 클릭해보면 스프라이트 3개가 있는 것을 확인할 수 있습니다.

무대에는 모양 3번인 breakdancer1-c 스프라이트 선택합니다.

Step 2. 아래 스크립트와 같이 계속 다음 모양을 원하는 횟수만큼 반복하게 되면 움직이는 캐릭터가 완성됩니다. 아래 그림을 참고하여 댄스를 완성해 보세요.

Step 3. 댄스대회를 하려면 적어도 두 명의 캐릭터가 필요합니다.
먼저, 한 캐릭터가 댄스를 하고 그 다음에 다른 캐릭터가 댄스를 해야합니다.

동작이 끝났음을 알리기 위해 아래 그림에서 보이는 '엘리스끝 방송하기'와
'엘리스끝 을(를) 받았을 때' 스크립트를 이용합니다.
이 스크립트의 활용법은 '생각 만들기'에서 자세하게 알아봅시다.
댄스대회 프로젝트를 완성해 봅시다.

생각 만들기

Step 1. 무대에서 댄스대회에 어울리는 배경과 스프라이트를 가져옵니다.

제목에 어울리는 배경은 'indoor'에 있는 'Spotlight-stage'가 되겠지요?

사회자 캐릭터와 dancer 로 활동할 두 캐릭터를 아래의 그림처럼 가져와 배치해 보세요.

〈그림5〉

각각의 캐릭터 이름도 정해주면 좋겠지요? 이 책에서는 '앨리스'와 '철수'로 정하였습니다.

Step 2. 사회자의 경우 총 3가지의 모습이 필요합니다.
아래의 그림처럼 정면을 향하는 모양, 앨리스를 가리키는 모양, 철수를 가리키는 모양 이렇게 3가지를 다음과 같이 만듭니다.

① 판타지 – Tear 스프라이트를 가져옵니다.
② 모양 탭에서 3번, 4번 스프라이트는 삭제합니다.
③ 모양 탭에서 2번 스프라이트를 복사합니다.
④ 복사된 모양을 좌우로 뒤집습니다.

Step 3. 이 사회자 캐릭터가 해야 할 일은 무엇일까요?
① 시작멘트를 말합니다.
② 철수에게 댄스를 부탁합니다.
③ 철수는 '방송하기'스크립트로 신호를 받으면 댄스를 시작합니다.
④ 철수의 댄스가 끝이 나면 앨리스에게 다시 방송을 보냅니다.
⑤ 앨리스는 방송을 받아 댄스를 시작합니다.

Part 2. Dance Time ~~

Step 4. '철수'에게 생명을 불어넣어 봅시다.

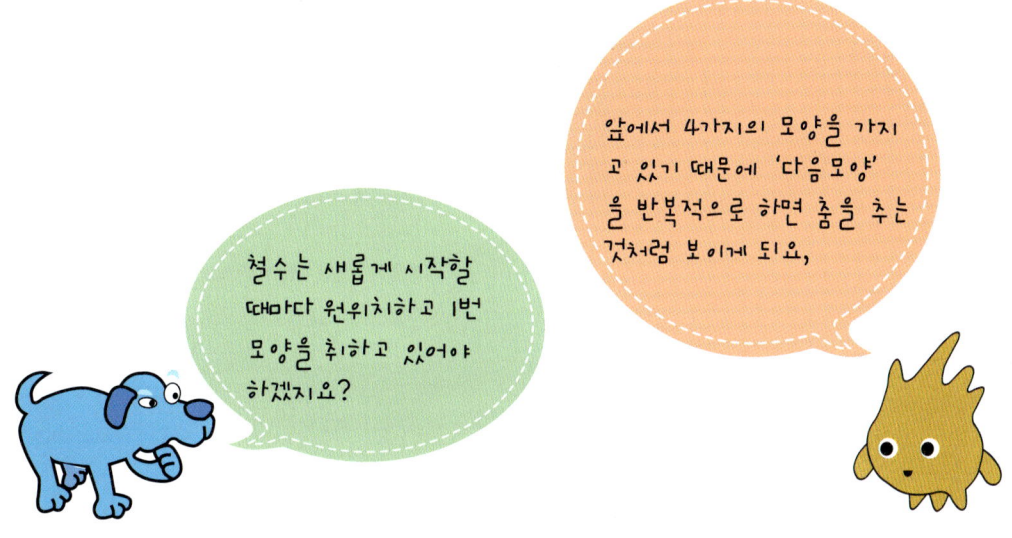

① 사회자가 철수에게 방송을 합니다.
② 철수는 그 방송을 받고 춤을 추기 시작합니다.
③ 적당히 춤을 추고 나서는 춤이 끝났다는 것을 방송합니다.

Step 5. 다음 스크립트와 같이 앨리스의 스크립트도 완성해 봅시다.

memo

Part 2. Dance Time ~~   23

생각 다지기

완성된 프로젝트를 다시 생각하며 아래 스크립트와 스프라이트간의 '방송하기'관계를 화살표로 표시해 봅시다.

앞에서의 프로젝트를 멋지게 완성해 보았다면 한걸음 더 나아가야겠지요?

앞의 프로젝트에서 사회자의 소개에 따라 순서대로 춤을 추었습니다.

생각나아가기

이번에는 철수와 앨리스가 각각 춤을 다 끝낸 후에 함께 무대 중앙에서 춤을 추도록 여러분이 직접 만들어 봅시다.

> **Tip!**
> 철수와 앨리스가 동시에 춤을 추려면 사회자가 방송을 한 후에 철수와 앨리스가 동시에 방송을 받으면 된답니다.

part.3 쥐를 잡자, 쥐를 잡자~!

- 논리수학지능
- 공간지능, 신체지능
- 정보처리능력
- 복잡-수렴

▶ 조건문과 반복문을 사용하여 알고리즘을 생각해 낼 수 있다.
▶ 난수의 개념을 익혀 게임 프로젝트를 완성할 수 있다.

이번 시간에는 지금까지 배운 여러 가지 명령어 블록을 활용하여 쥐잡기 게임을 제작하여 간단한 게임 프로젝트를 완성해봅니다. 이 시간에 중요한 개념은 '조건문', '반복문', '난수'의 개념입니다. 이 기능들을 잘 활용하여 '쥐잡기 게임'을 만들어 봅시다. 그 후 여러분들이 창의적인 아이디어를 추가하여 게임을 발전시킬 수 있도록 만들어 발표해보도록 합시다.

 생각열기

수아네 집에는 언제부턴가 쥐들이 생겨났어요. 특히 부엌에 자주 출현 하였어요.
수아네 엄마는 음식을 하다가도 음식을 먹다가도 깜짝 놀란 적이 한두번이
아니었어요. 수아네 엄마는 드디어 결심을 하고 고양이 톰을 데려왔답니다.
자, 이제 여러분이 고양이 톰을 이용하여 계속 출현하는 쥐들을 잡아서
수아네 엄마의 고민을 해결해 주도록 할까요?

    선생님이 보여주시는 쥐잡기 프로젝트를 실행해 본 후, 어떤 전략이 사용되었는지 생각해 봅시다.

Part 3. 쥐를 잡자, 쥐를 잡자~!

생각 꺼내기

우리가 고양이 톰을 이용하여 쥐를 잡으려면 고양이 톰이 마우스 조작에 따라 움직여 주어야 합니다. 마우스가 가리키는 곳으로 고양이 톰이 움직여야 되는 것입니다.

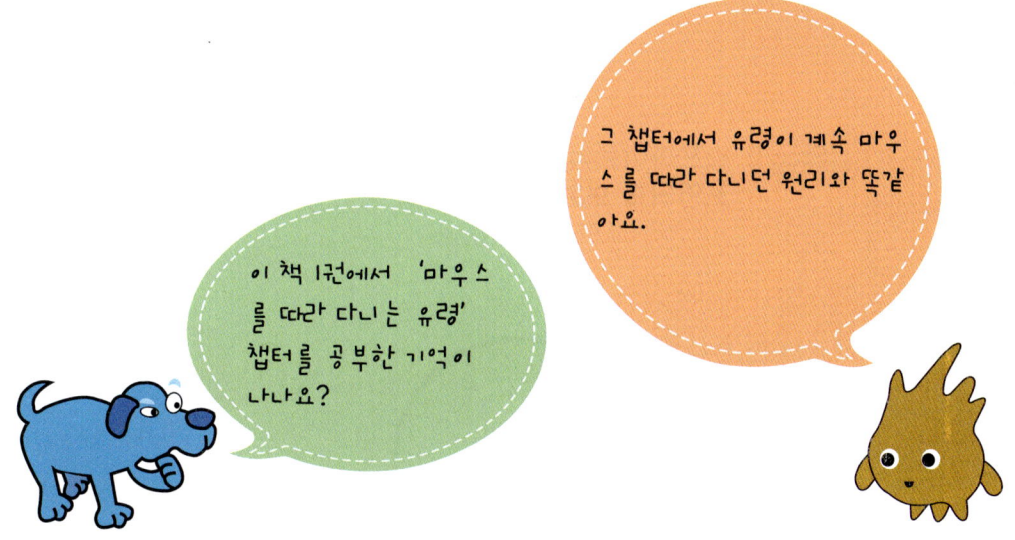

Step 1. 스프라이트 하나를 무대에 가져온 후, 아래 그림에 보이는 블록을 가져와서 여러분들이 생각한 알고리즘에 맞춰 잘 쌓아 완성해 보세요.

시작을 해 보면 어떠한 일이 일어나나요?
마우스를 따라 잘 움직이는 스프라이트를 확인할 수 있습니다.

가만히 있을 때, 왜 자꾸 정신없이 움직일까요?
그 이유는 스프라이트가 마우스 포인터를 계속 보면서 그 위치로 가려고 하기 때문이에요.

Step 2. 스프라이트에게 '만약 마우스 포인터까지의 거리가 5보다 크다면 마우스 포인터를 보고 움직여라.'로 정해 줍니다.

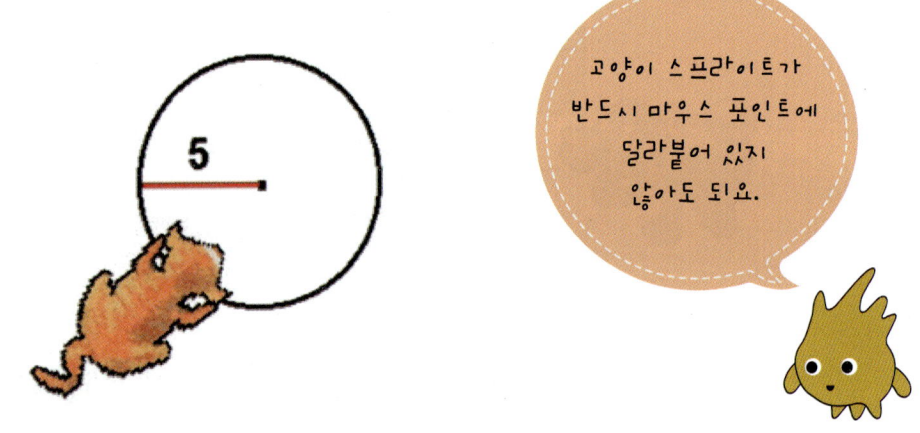

고양이 스프라이트가 반드시 마우스 포인트에 달라붙어 있지 않아도 되요.

고양이 스프라이트와 마우스의 거리가 정해준 거리보다 가까울 때는 명령블록이 실행이 안 되게 하고, 정해준 거리보다 더 떨어져야만 실행이 되도록 하여 해결해 봅시다.

여기에서 중요한 포인트는 '정해준 거리보다 떨어져야만' 이라는 조건이 사용되어야 한다는 거구나.

앞에서 설명한 내용을 잘 생각하여 고양이 스프라이트의 스크립트를 완성해 봅시다.

생각 만들기

Step 1. 고양이 스크립트 만들기
'고양이와 마우스와의 거리가 5보다 크다면 마우스 쪽을 보고 움직여라.'
를 구현해 봅시다.

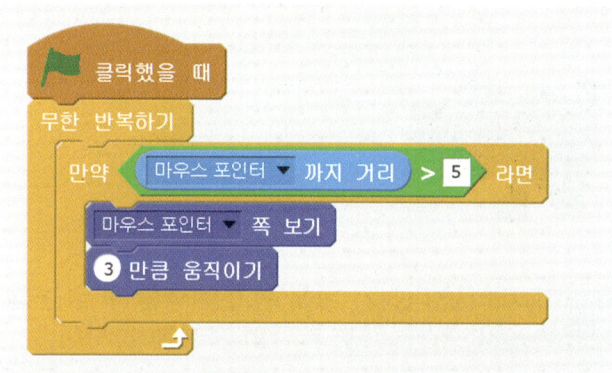

Step 2. 쥐 스크립트 만들기
다음 설명에 따라 직접 스크립트를 만들어 봅시다.

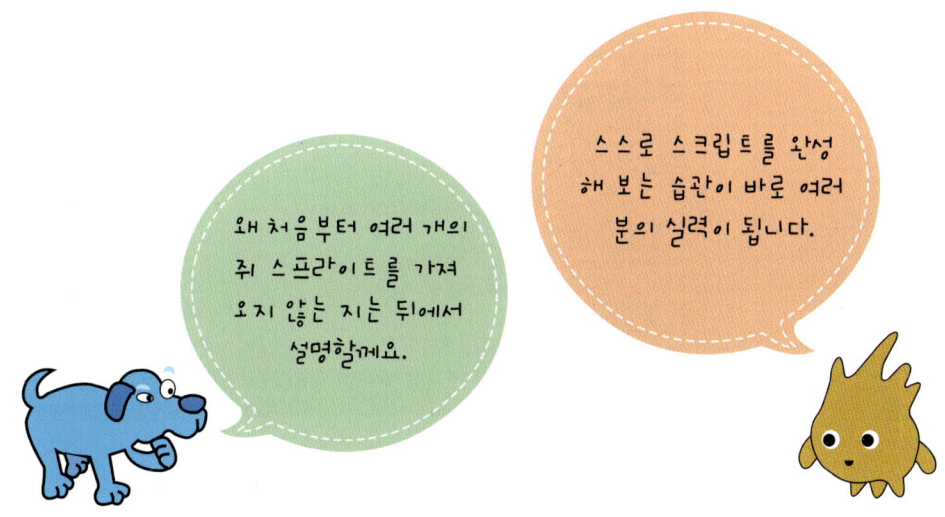

① 쥐는 게임이 시작되었을 때 무대에 무조건 나타나야 합니다.
② 쥐 스프라이트를 한 개만 무대에 가져옵니다.
③ 처음에 점수는 0점으로 세팅해 줍니다.
④ 무한반복하며 방향을 조금씩 바꿔가면서 움직이게 됩니다.
⑤ 벽에 닿으면 튕기기 합니다.
⑥ 만약 고양이에게 닿으면 점수를 올려줍니다.
⑦ 사라진 후 2초를 기다립니다.

⑧ 무대 위의 무작위 위치로 갑니다.
⑨ 다시 보여 집니다.

Step 3. 재미를 더하기 위해 쥐가 예측할 수 없는 방향으로 움직이게 해 줘야 합니다. 다음과 같이 '난수'라는 블록을 사용해 봅시다.

여러분, 위의 표를 보면서 스크립트를 만드는 것이 쉽지 않지요?
걱정마세요. 스크래치와 열심히 놀다보면 표 안에 있는 알고리즘도 여러분들이 직접 만드는 그날이 오게 됩니다.
'알고리즘을 직접 짜 보는 것이 제일 재미있는 일이구나' 라는 것을 알게 된답니다.

  Part 3. 쥐를 잡자, 쥐를 잡자~!

Step 4. 나머지 쥐 복사하기

완성된 쥐 스프라이트에 마우스를 올린 후 우클릭을 하여 '복사'라는 메뉴를 클릭하여 복사합니다.

> 이렇게 복사하면 그 스프라이트의 스크립트까지 복사를 하게 됩니다. 참 편리하죠?
> 단, 완성되지 않은 스프라이트를 복사하게 되면 나중에 작업이 더 귀찮아 질 수 있기 때문에 처음에 완성된 스프라이트를 만드는 것이 무엇보다 중요하다는 사실 명심하기 바랍니다.

쥐의 개수와 쌓이는 점수는 여러분들이 재량껏 정하셔도 좋습니다.
단, 게임이 재미있을 정도로 적절히 조절하는 것이 좋습니다.

생각 다지기

쥐 스프라이트에게 넣어주었던 블록 중 '만약 고양이에게 닿는다면'이라는 블록이 있습니다. 이 조건이 성립했을 때 실행이 되는 블록들을 선으로 연결해 보세요.

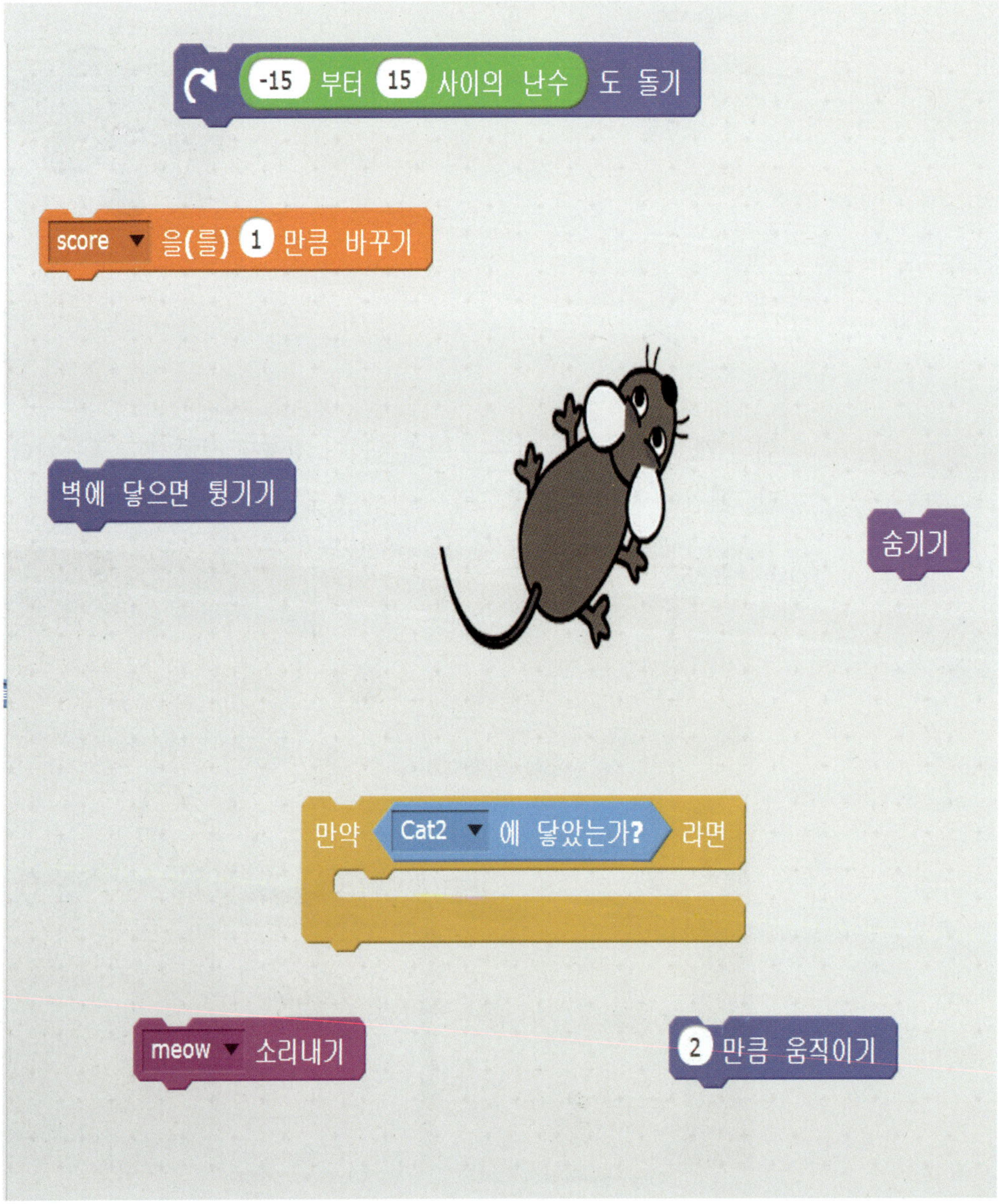

Part 3. 쥐를 잡자, 쥐를 잡자~!   33

생각나아가기

쥐잡기 게임을 완성해 보았습니다. 이러한 게임을 여러분이 직접 만들었다니 놀랍지 않습니까?

상상만 하세요. 무엇이든지 만들 수 있습니다.

앞에서 만든 고양이와 쥐 게임에 다음과 같은 다양한 게임적 요소를 추가해 봅시다.

① 고양이를 쫓아다니면서 괴롭히는 또 다른 존재가 있다면 재미있을 것 같습니다.
② 개 스프라이트 하나를 무대로 가져와서 시작했을 때 무한반복으로 고양이만 보고 움직이면 됩니다.
③ 만약 고양이에게 닿는다면 '모두 끝내기'를 하면 됩니다.
④ 개가 나타나는 위치를 난수로 정해주면 더욱 게임적 요소가 생기게 됩니다.

Tip! '무한반복' 과 '만약 ~라면' 블럭을 사용할 때 잘 생각해야 합니다. 알고리즘을 만들 때는 순서대로 생각해야 한다는 점! 명심하세요.

part.4 물고기 잡기 1

- 다중지능 : 논리수학지능, 공간지능, 신체지능
- 미래핵심역량 : 정보처리능력
- STEAM 사고력 : 복잡-수렴

▶ 알고리즘을 구상하여 물고기 잡기 게임 프로젝트를 만들 수 있다.
▶ 방송하기를 이용하여 스프라이트를 서로 연결할 수 있다.

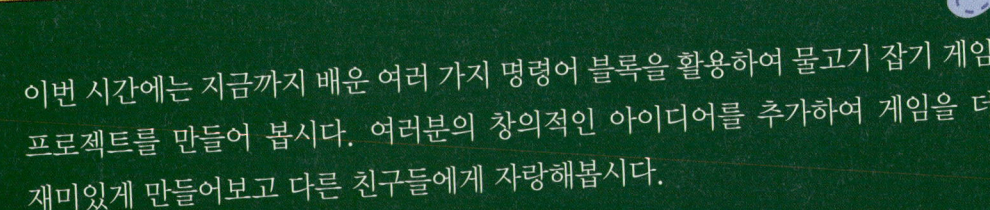

이번 시간에는 지금까지 배운 여러 가지 명령어 블록을 활용하여 물고기 잡기 게임 프로젝트를 만들어 봅시다. 여러분의 창의적인 아이디어를 추가하여 게임을 더 재미있게 만들어보고 다른 친구들에게 자랑해봅시다.

Part 4. 물고기 잡기 1

 생각열기

우리가 만들 프로젝트에 대한 다음 이야기를 읽어 봅시다.

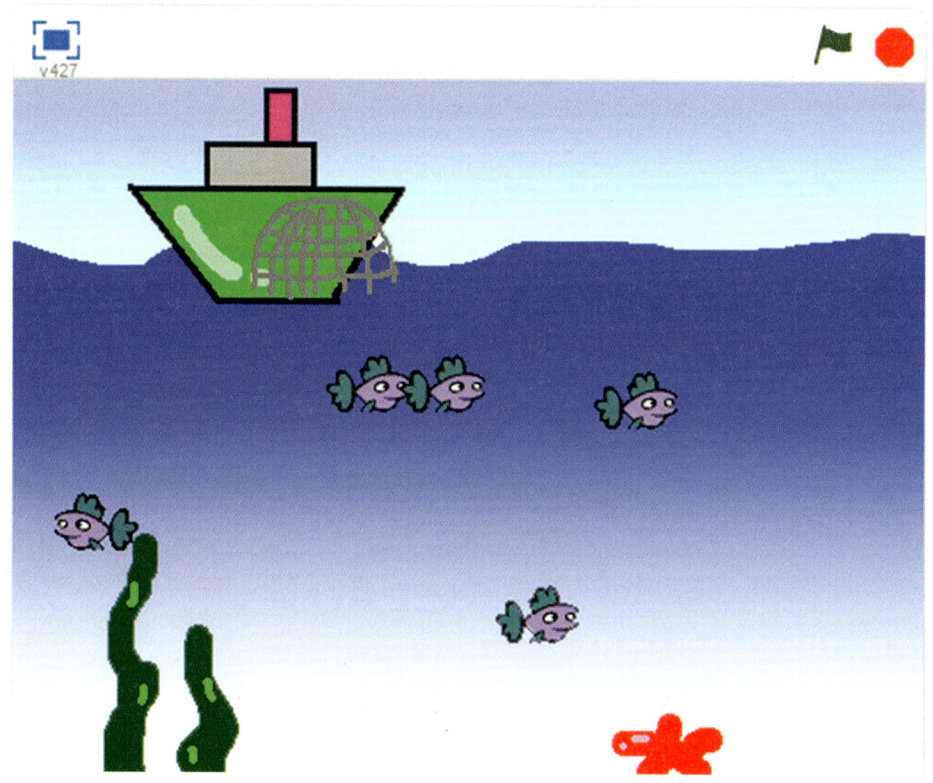

푸른 바다, 넘실거리는 파도! 가족들과 함께 즐거운 마음으로 바다에 나왔습니다. 즐겁게 바닷바람을 맞으며 갈매기들 소리를 들으며 놀다보니, 어라~ 배가 고파서 꼬르륵 소리가 나네요. 그런데 먹을 것을 가져오지 않았어요. 하지만 이곳은 바다! 넓은 바다에 수없이 많은 맛있는 물고기들이 떠다니고 있으니 걱정 없어요. 맛있는 물고기를 그물을 던져서 잡아 볼까요?

스크래치와 함께하는 창의 놀이터

생각 꺼내기

프로젝트를 만들기 전에 우선 밑그림을 그려봅시다.
다음은 물고기 잡기 프로젝트를 만들기 위해 생각해야할 것들입니다.
어떤 블록들이 사용될지 곰곰이 생각해보고 자유롭게 적어봅시다.

배와 그물을 좌우로 움직이기	그물 아래로 내리기

물고기 자유롭게 움직이기	물고기가 그물에 닿았을 때 사라졌다 보이기

Part 4. 물고기 잡기 1

 생각 만들기

Step 1. 배경 만들기

배경을 바다로 만들어 봅시다.

① 무대를 클릭한 후에, 배경 탭을 클릭합니다.
② 편집버튼을 눌러 배경편집 화면을 불러옵니다.
③ 붓과 도형을 사용하여 마음껏 나만의 바다 속 풍경을 그려봅시다.

 Tip! 채우기 그라데이션 기능을 사용하면 더 멋진 바다를 그릴 수 있습니다.

Step 2. '어선'스프라이트와 '그물'스프라이트 만들기

새로운 스프라이트 그리기 버튼을 눌러 붓과 도형을 사용해 나만의 어선과 그물을 그려봅시다.

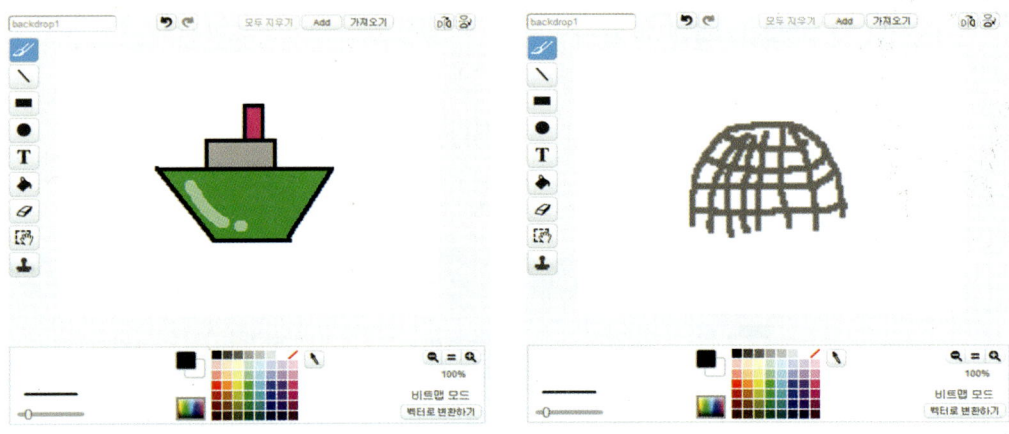

우리는 '어선'스프라이트를 '그물'스프라이트가 따라다니도록 할 것입니다.

그물이 어선 앞쪽에 걸려있는 것처럼 보이도록 하기 위해 아래 그림처럼 중심 설정을 해 줍니다.

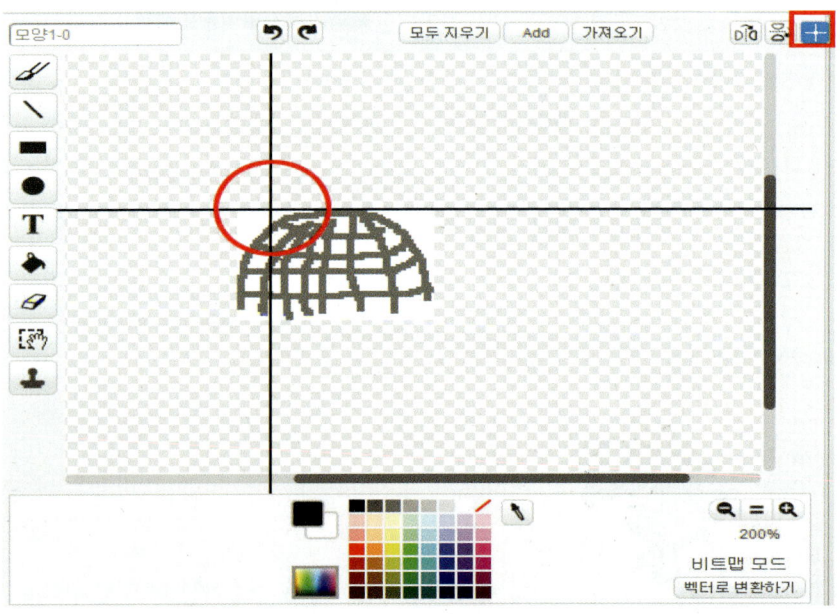

Part 4. 물고기 잡기 1   39

Step 3. '배' 스프라이트 움직이기

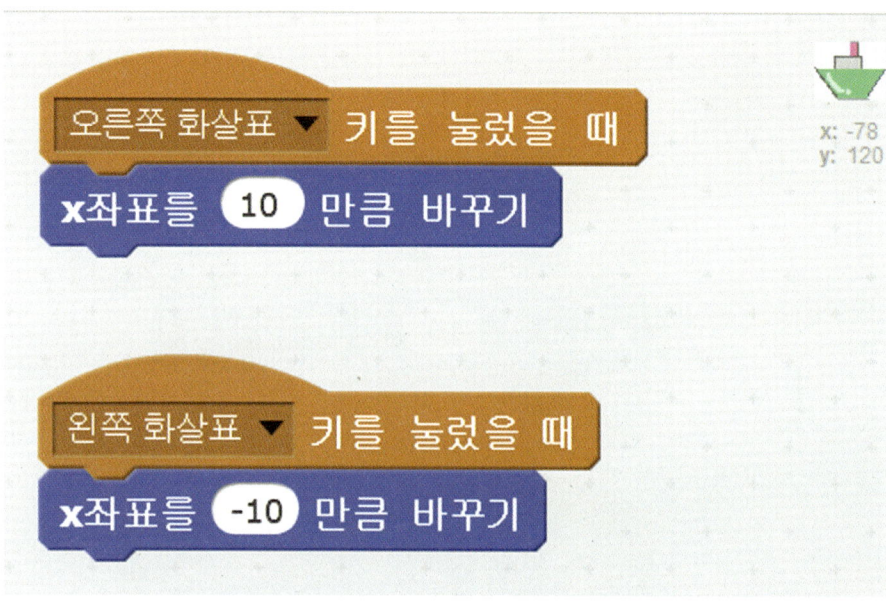

① 어선을 움직일 때는 키보드의 화살표 키를 사용하도록 합니다.
② 오른쪽 화살표를 누를 때 배가 오른쪽으로 가도록 하기 위해 x좌표를 10씩 바꿉니다.
③ 왼쪽 화살표를 누를 때 배가 왼쪽으로 가도록 하기 위해 x좌표를 -10씩 바꿉니다.

Logical Thinking

★ 스프라이트는 x좌표를 0보다 큰 숫자로 바꾸면 오른쪽으로 0보다 작은 숫자로 바꾸면 왼쪽으로 움직인답니다.

Step 4. '어선'스프라이트와 '그물'스프라이트 함께 움직이기

① 바다에 그물을 내리려면 '어선'과 '그물' 스프라이트가 함께 움직여야 합니다. 이때는 방송 명령을 하면 편리합니다.

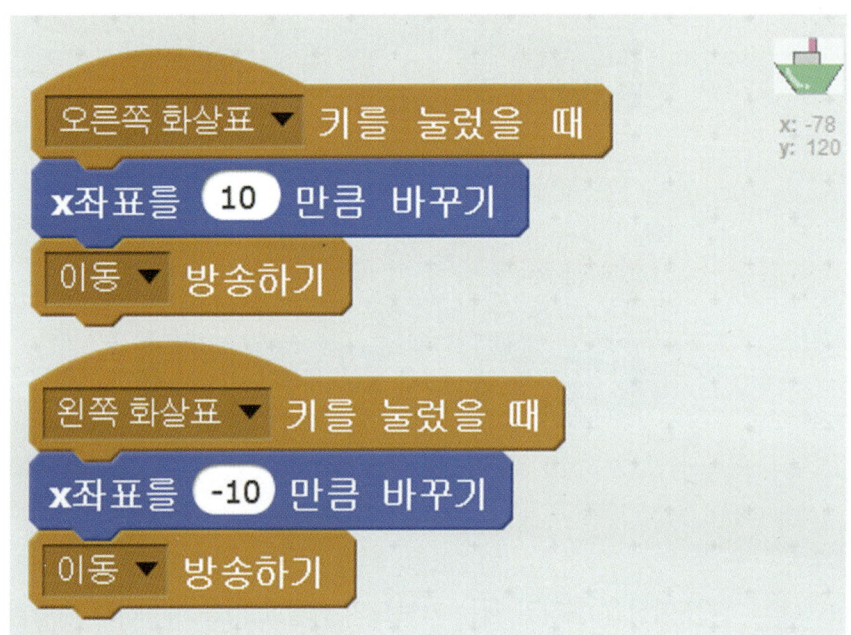

② '어선'스프라이트를 선택하고 〈이벤트 – 방송하기〉 블록을 선택하고 '이동'을 방송합니다.

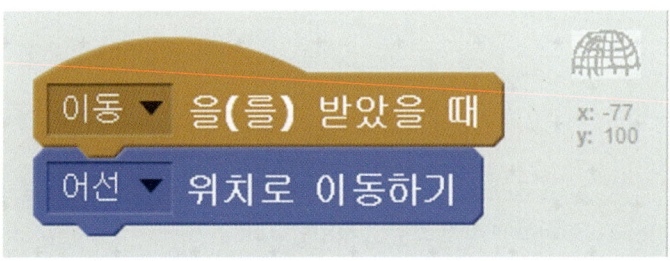

Part 4. 물고기 잡기 1

③ 어선 스프라이트에서 보낸 방송을 받을 때 그물이 어선과 함께 움직일 수 있도록 해 봅시다.

④ 그물은 따로 움직일 필요 없이 어선이 움직일 때 함께 움직일 수 있도록 해주면 되므로 `이동 ▼ 을(를) 받았을 때` 블록을 이용하여 방송을 받을 때 어선을 따라 움직일 수 있도록 `어선 ▼ 위치로 이동하기` 블록을 삽입합니다.

Step 5. 그물을 떨어뜨리고 다시 돌아오게 하기

① 그물을 바다 밑으로 내려 보내봅시다.
② 스페이스를 누르면 그물이 발사가 되면 y좌표를 -10씩 바꿔 바다 아래쪽까지 그물이 내려가도록 합니다.
③ 내려가는 모습이 보일 수 있도록 반복 블록을 사용합니다.
④ `이동 ▼ 을(를) 받았을 때` 블록을 이용해 끝까지 내려가면 원래대로 돌아오도록 합니다.

Logical Thinking

★ 왜 Y좌표를 -10씩 25회로 반복했을까요?
  두 숫자를 바꿔가며 그 이유를 생각해봅시다.

Creative Thinking

★ 그물이 더 빨리 내려가도록 하기 위해서는 어떻게 하면 될까요?

Step 6. 물고기 스프라이트 움직이기

① 물고기 스프라이트는 바다 속을 이리저리 움직이다가 그물에 닿으면 사라졌다가 다시 나타나게 해야 합니다.

② `-10 부터 10 사이의 난수 도 돌기` 를 이용하여 물고기 스프라이트가 물속에서 한 방향이 아니라 이리저리 움직이게 해 봅시다.

Creative Thinking

★ 물고기가 움직이는 속도가 계속 바뀌게 하려면 어떻게 하면 될까요?

Part 4. 물고기 잡기 1   43

③ 물고기를 움직이게 해 보면 한 가지 문제점을 찾을 수 있습니다.
   바로 물고기가 하늘까지 날아다니게 된다는 것입니다. 그래서 물고기가 바다 위쪽에 가면 다시 방향을 바꾸도록 해봅시다.

④  블록의 ㅁ상자를 클릭하면 바뀌는 스포이드를 바다 윗부분에 클릭해서 색깔을 지정해줍니다.

⑤ 물고기가 그물에 닿으면 사라지게 해봅시다.

```
만약 〈 그물▼ 에 닿았는가? 〉 라면
  숨기기
  3 초 기다리기
  보이기
  x: (-200 부터 200 사이의 난수)  y: (-170 부터 100 사이의 난수) 이동하기
```

⑥ 물고기가 그물에 닿았다가 다시 나타날 때 어느 곳으로 나타나는지 알 수 없도록 하기 위해 난수를 이용합니다.

Creative Thinking
★ 물고기가 사라졌다가 언제 나타날지 모르도록 하려면 어떻게 하면 될까요?

스크래치와 함께하는 창의 놀이터

생각 다지기

지금까지 여러분이 만든 프로젝트를 정리해봅시다.
프로젝트에서 사용된 스프라이트끼리의 관계를 화살표를 이용하여 표현해봅시다.

Logical Thinking

★ 어떤 상황에서 방송하기 블록을 사용하면 좋은지 생각해봅시다.
컴퓨터가 값을 정하도록 해서 게임의 재미를 향상시키기 위해서는 어떤 블록을 사용해야 하는지 생각해봅시다.

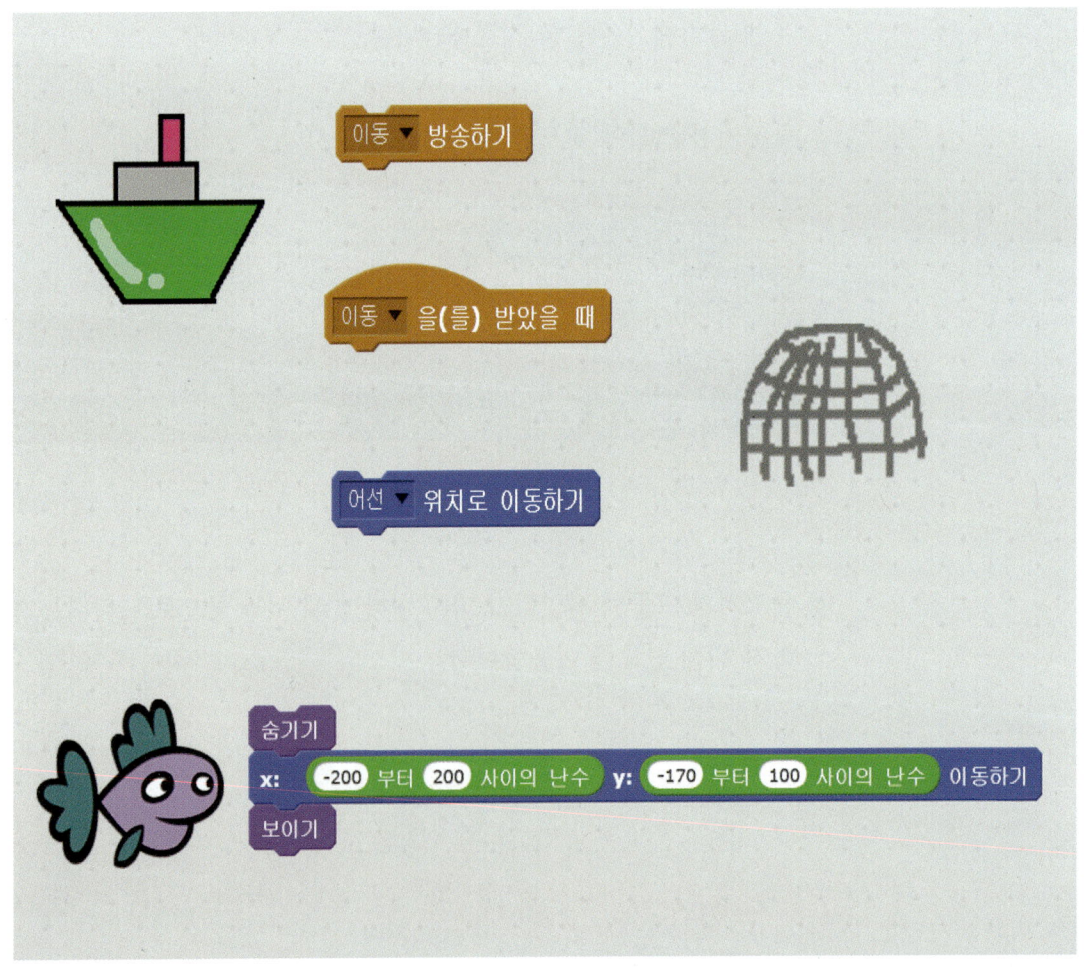

  Part 4. 물고기 잡기 1   45

생각나아가기

'게' 스프라이트를 만들어서 바다의 아래에서 왔다갔다하도록 만들어 봅시다.
그리고 게가 그물을 잡을 경우 그물은 잠시 동안 뺏을 수 있게 만들어 봅시다.

①  스프라이트가 바다 밑에서 기어다니도록 해봅시다.

아래 스크립트에 적절한 x좌표와 y좌표를 넣어서 스크립트를 완성해봅시다.

```
무한 반복하기
    1 초 동안 x: 0 y: 0 으로 움직이기
    10 만큼 움직이기
```

왼쪽, 오른쪽으로 움직일 때 난수를 사용하면 더 재미있는 게임이 되겠죠?
'그물' 스프라이트가 내려오다가 '게' 스프라이트를 만나면 잡혀야겠죠?

②'게'스프라이트에게 잡힌 그물이 잠시 동안 잡혀있도록 해 봅시다.

Part. 5 물고기 잡기 2

- 논리수학지능,
- 공간지능

- 정보처리능력

- 복잡-수렴

▶ 물고기 잡기 프로젝트에 다양한 게임적 요소를 추가할 수 있다.
▶ 변수 블록 이용하여 흥미로운 게임을 만들 수 있다.

이번 시간에는 앞 단원에서 만든 물고기 게임 프로젝트에 블록을 추가해서 더 재미있는 게임을 만들어볼 것입니다. '변수' 블록을 이용해서 점수를 올리거나 내리는 기능을 추가할 수도 있답니다. 그러면 더 재미있는 게임 만들기를 시작해볼까요?

생각열기

즐거운 식사를 위해 물고기를 열심히 잡고 있던 가족에게 문제가 생겼어요. 물고기를 잡을 수 있는 시간이 줄어들고 있다는 것을 알게 되었어요. 하지만 배의 선장님에게 잡은 물고기를 나눠주면 잡을 수 있는 시간을 늘려준다고 하네요.

그런데 가족에게 또 하나의 나쁜 소식이 생겼어요. 바로 꽃게가 나타났습니다. 이 꽃게에게 그물이 닿으면 꽃게가 그물을 가져가버린다고 하네요. 줄어드는 물고기를 잡을 수 있는 시간과 꽃게를 피해 많은 물고기를 잡아볼까요?

Part 5. 물고기 잡기 2

생각 꺼내기

프로젝트를 만들기 전에 우선 밑그림을 그려봅시다.
다음은 물고기 잡기 프로젝트를 만들기 위해 생각해야할 것들입니다.
어떤 블록들이 사용될지 곰곰이 생각해보고 자유롭게 적어봅시다.

시간이 갈수록 점수가 줄어들도록 하기	물고기를 잡으면 점수가 올라가게 하기
점수가 0점보다 내려가면 게임을 끝내기	꽃게에게 그물이 잡히면 물고기가 닿아도 점수가 올라가지 않게 하기

 생각 만들기

Step 1. 변수 만들기

① 게임의 점수와 그물의 상태를 표현하기 위한 변수를 만듭니다.

② 점수 : 게임의 점수를 표현합니다.
③ 그물확인 : 그물이 꽃게에게 잡혔는지 아닌지 확인하는데 사용합니다.

Step 2. '그물'스프라이트와 변수들 초기화하기

① 를 클릭하면 변수와 '그물'스프라이트를 초기화해서 새롭게 게임을 시작할 수 있도록 합니다.

② 그물확인 변수에는 "정상"이라는 데이터를 저장합니다. 만약 그물이 꽃게에

Part 5. 물고기 잡기 2

게 닿으면 그물확인 변수에 "걸렸다"를 저장해서 꽃게에 그물이 걸린 상태에서는 물고기를 잡을 수 없도록 할 것입니다.

③ 점수 변수에는 "100"을 저장합니다. 시간이 갈수록 변수의 숫자가 줄어들도록 할 것입니다. 그리고 만약 물고기에 닿으면 점수를 올리고 꽃게에 닿으면 점수를 내릴 것입니다.

Logical Thinking

★ 이처럼 변수에는 숫자를 저장할 수도 있고 글자(문자)를 저장할 수도 있습니다. 하지만 한 변수에는 한 개의 데이터만 저장할 수 있다는 것은 모두 알고 있죠?

Step 3. 점수 변수 완성하기

① 시간이 갈수록 점수를 줄어들도록 해서 게임 시간을 정해보도록 하겠습니다.

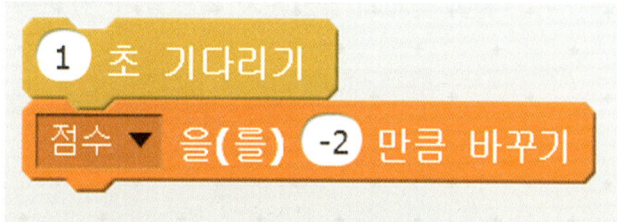

② 1초에 2점씩 점수를 빼도록 하여 시간이 갈수록 점수가 내려가도록 합니다.
③ 이 블록들을 무한반복 블록 안에 넣어 게임이 진행되는 동안 계속 적용될 수 있도록 합니다.
④ 시간이 지나거나 꽃게에게 잡혀서 점수가 내려가서 점수가 0점이 되면 게임을 끝내야겠죠?

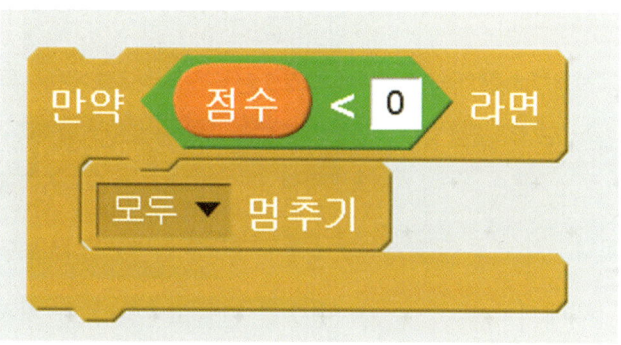

⑤ 만약 점수 변수가 0보다 작으면 `모두 멈추기` 블록을 이용하여 게임이 끝나도록 합니다.

Logical Thinking

★ `점수 < 0` 와 `점수 < 0` 중 왜 `점수 < 0` 을 이용했을까요?
`점수 < 0` 을 이용할 경우 점수가 "2점"이었다가 3점이 줄어들게 되면 "-1점"이 됩니다. 이때 점수가 0점이 아니므로 게임이 끝나지 않는 문제가 생깁니다. 하지만 `점수 < 0` 를 사용하면 위의 상황에서도 게임이 끝나게 됩니다.

Creative Thinking

게임이 끝날 때 '선박' 스프라이트가 게임이 끝났다고 알려주도록 하려면 어떻게 하면 될까요? 한 번 도전해보세요.

Step 4. 그물이 꽃게에 닿았는지 확인할 수 있도록 하기

위에서 `그물확인` 변수를 만들고 "정상"을 저장했던 것을 기억하나요?

Part 5. 물고기 잡기 2

① 그물이 꽃게에 닿으면 그물확인 변수에 "걸렸다"를 저장하고 꽃게가 그물을 다시 놓아줄 때 다시 "정상"을 저장해서 물고기를 잡을 수 있도록 합니다.

② 그물이 꽃게에 닿았으므로 점수 변수에서 30점을 뺍니다.

Logical Thinking

★ 스크래치 프로그램은 위에서 아래 방향으로 순서대로 실행됩니다.
'게' 스프라이트에 닿으면 그물확인 변수에 "걸렸다"를 저장하고 게▼위치로 이동하기 블록을 100회 반복한 후에 다시 '선박' 스프라이트로 돌아가기 전에 그물확인 변수에 "정상"을 저장해서 물고기를 다시 잡을 수 있도록 하게 됩니다.
어려워 보이는 스크립트가 이해되지요?

Step 5. 그물이 꽃게에게 잡혀있지 않을 때만 물고기를 잡을 수 있도록 하기

꽃게에게 그물이 잡혀있는데 물고기를 잡을 수 있다면 이상하죠?
그래서 꽃게에게 그물이 잡히지 않았을 때에만 물고기를 잡을 수 있도록 할 것입니다.

그물확인 변수가 "정상"일 때에만 점수 변수에 5점을 누적하도록 합니다.

스크래치와 함께하는 창의 놀이터

Logical Thinking

모든 프로그래밍 언어에서는 같은 것을 중복해서 사용하는 것은 비효율적이라는 평가를 받기 쉽습니다. 여러분이 좀 더 효율적으로 스크립트를 완성해볼까요?

2개의  블록이 중복해서 사용된 것이 보이나요?

 블록 1개와 그리고 블록을 사용하여 좀 더 효율적인 스크립트를 완성해봅시다.

Part 5. 물고기 잡기 2

생각 다지기

지금까지 여러분이 만든 프로젝트를 정리해봅시다.
프로젝트에서 사용된 스프라이트와 변수 사이의 관계를 화살표를 이용하여 표현해 봅시다.

Logical Thinking

'게' 스프라이트에 그물이 닿으면 어떤 블록들이 사용되었는지 생각해봅시다.
그물확인 변수에 저장된 값에 따라 어떤 효과가 생기는지 생각해봅시다.
점수 변수와 관련된 블록들을 생각해봅시다.

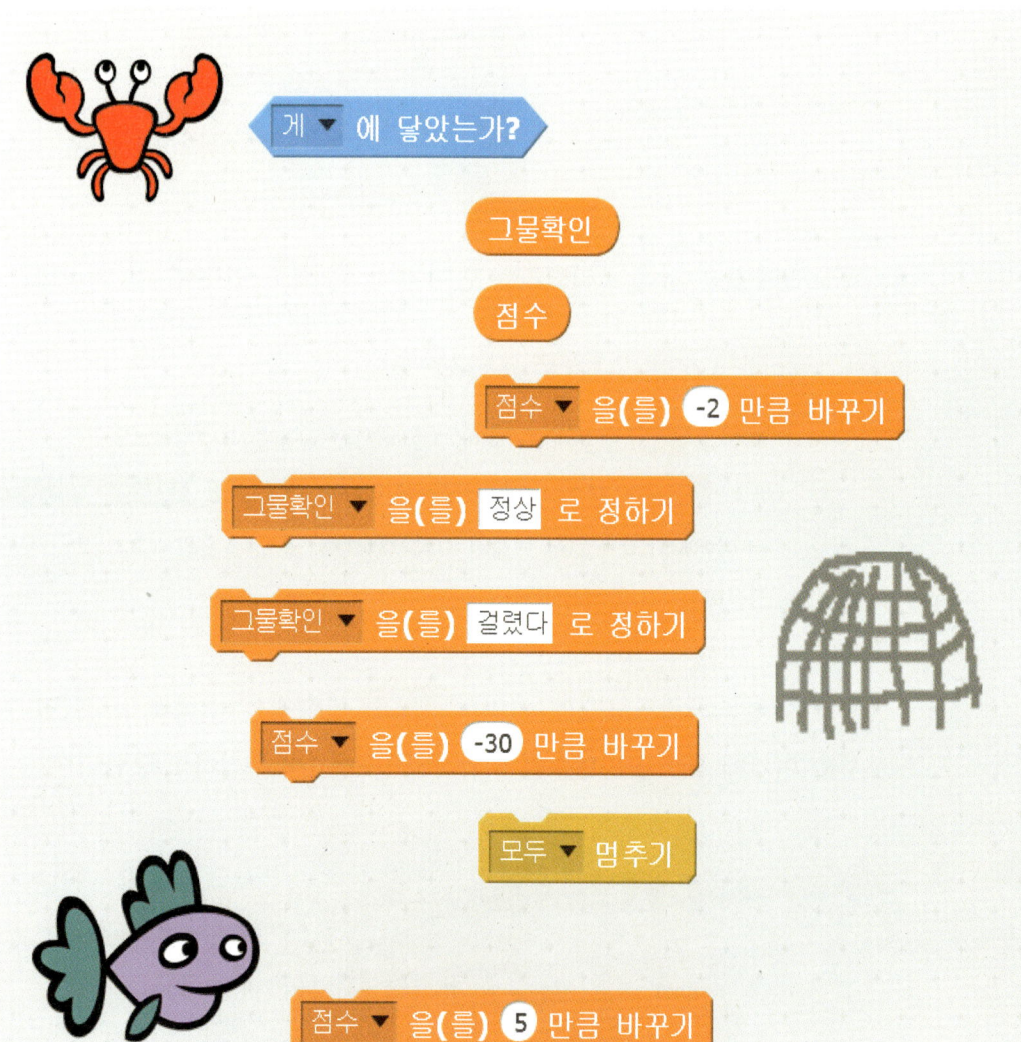

생각나아가기

게임을 하는 사람들이 게임의 난이도가 계속 똑같다면 흥미가 떨어지겠죠? 그래서 게임의 난이도가 점점 어려워질 수 있도록 하는 것이 중요합니다.

여러분이 만든 물고기 잡기 게임의 난이도를 조절하기 위해 꽃게가 시간이 지날수록 커지도록 해볼까요?

`크기를 123 % 로 정하기`

🚩 를 클릭하면 '게' 스프라이트의 크기를 123%로 맞춰 초기화합니다.

```
타이머 ▼ 을(를) 1 로 정하기
그물확인 ▼ 을(를) 정상 로 정하기
점수 ▼ 을(를) 100 로 정하기
```

변수들의 값을 초기화하는 단계에서 `타이머` 변수에 1을 저장합니다.

Logical Thinking

Q : `타이머` 변수에 0이 아닌 1을 저장한 이유는 무엇일까요?

A : `타이머` 변수에 0을 저장하면 뒤에서 사용할 `○ 나누기 ○ 의 나머지` 블록에서 나머지가 0이 되어 게임이 시작하자마자 '게' 스프라이트의 크기가 커지기 때문입니다.

'그물' 스프라이트에서 1초마다 `점수` 변수에서 -2점씩 누적했던 것을 기억하나요? 여기에 `타이머` 변수를 추가하고 1초에 1씩 누적하도록 합니다.

Part 5. 물고기 잡기 2

🟢 나누기 🟢 의 나머지 블록을 이용하여 5초마다 '게' 스프라이트의 크기를 늘려줍니다.

```
만약 ( 타이머 나누기 5 의 나머지 ) = 0 라면
    크기를 30 만큼 바꾸기
```

Logical Thinking

타이머가 5초가 지날 때마다 '게' 스프라이트의 크기를 늘려줘야 합니다.
그래서 🟢 나누기 🟢 의 나머지 블록을 사용해 타이머가 5의 배수가 될 때를 확인합니다.

Creative Thinking

타이머가 10의 배수가 될 때마다 새로운 스프라이트가 아이템으로 등장하여 점수를 올려주거나 내리도록 하려면 어떻게 해야 할까요?
생각을 정리해서 도전해봅시다.

Part.6 핑퐁 핑퐁~ 벽돌 깨기 1

- 논리수학지능, 공간지능, 신체지능
- 정보처리능력
- 복잡-수렴

▶ "방향 보기" 블록과 "튕기기" 블록의 원리를 이해하고 활용할 수 있다.
▶ 벽돌 깨기 게임의 기본 프로젝트를 만들 수 있다.

이번 시간에는 스크래치의 여러 블록들 중에서 "방향"과 "튕기기" 블록들을 공부해 봅시다. 동작블록에 있는 "방향"과 "튕기기" 블록을 활용하여 재미있는 벽돌 브레이크 게임을 만들어 봅시다. 공이 방향에 변화를 가지며 벽돌을 맞힐 수 있게 프로젝트를 만들어 봅시다.

  Part 6. 핑퐁 핑퐁~ 벽돌 깨기 1   59

 생각열기

초원이의 일기를 읽고, 생각해 봅시다.

> -초원이의 일기-
> 학교 수업이 다 끝나고, 운동장에서 친구들과 함께 야구를 했다.
> 오늘따라 이상하게 공이 배트에 잘 맞지 않는 것 같다.
> 1루수와 2루수 사이로 멋있게 안타를 치고 싶은데, 공이 자꾸만 2루수 쪽으로 날아가 계속 아웃됐다. 속상하다. 무엇이 문제일까?

여러분, 초원이와 같은 경험 해 본 적 있었나요? 공을 가지고 하는 운동 경기를 하다보면 많이 겪는 일입니다. 내가 원하는 곳으로 공을 보내고 싶을 때, 중요한 것은 무엇일까요? 그렇죠. 바로 배트와 공이 만났을 때 공이 나아갈 방향이 정해지게 됩니다.

출처 : http://cafe.naver.com/ggalhonda/1648

이와 같은 원리를 이용해서 벽돌 깨기 게임을 여러분이 직접 만들어 볼 것입니다. 위쪽에 벽돌들이 아래쪽에는 배트가 있고 공을 이리저리 보내서 벽돌을 깨는 것이 바로 벽돌 깨기 게임입니다.

이 게임을 완성하려면, 어떤 스프라이트를 만들어야 할까요? 각각의 스프라이트에 어떤 블록을 사용해야 할까요? 앞에서 얘기한 동작블록에 있는 "방향 보기" 블록과 "튕기기" 블록을 어떻게 사용해야 하는지 함께 공부해 봅시다.

'공'스프라이트의 움직임을 상상하며 필요한 명령블록들의 연결을 생각해봅시다.
'바'스프라이트의 움직임도 상상하며 필요한 명령블록들의 연결을 생각해 봅시다.

 생각 꺼내기

① 아래 그림 중 벽돌 깨기 게임 프로젝트에는 기본적으로 어떤 스프라이트가 필요할까요?
② 아래의 각각의 스프라이트는 어떤 동작을 하고 있습니까?
③ 배트의 역할을 하는 바(막대)를 내 마음대로 조정하려면 어떤 블록들이 필요할까요?
④ 공이 바에 맞고 튕기는 것은 어떤 명령 블록을 사용해야 할까요?
⑤ 공이 벽에 닿았을 때는 어떻게 해야 할까요? 그 때 어떠한 명령이 필요합니까?
⑥ 바가 처음 위치에 있게 하려면 어떤 블록들을 사용해야 할까요?
⑦ 공이 랜덤 위치에 발생하게 하려면 어떤 블록들을 사용해야 할까요?
⑧ 공을 바를 이용해서 마음대로 움직이게 하려면 어떤 블록들을 사용해야 할까요?

여러분이 필요하다고 생각되는 명령을 아래의 그림에서 골라 O표 해 봅시다.

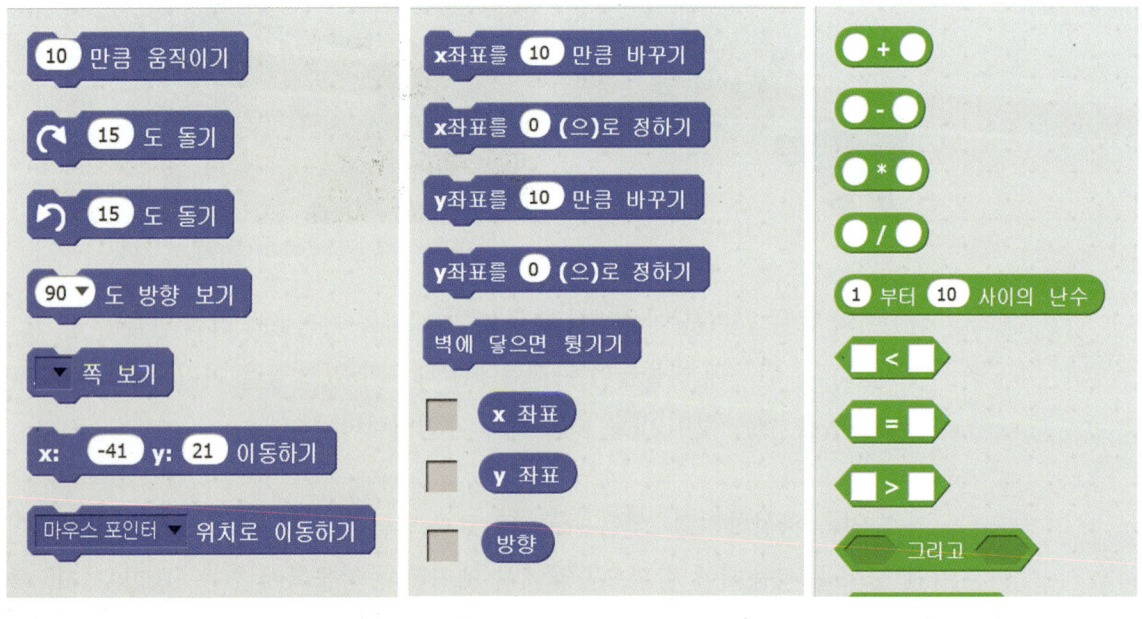

Part 6. 핑퐁 핑퐁~ 벽돌 깨기 1

벽돌깨기 프로젝트를 함께 만들어 봅시다.

Step 1. 막대 스프라이트 만들기

① 막대를 만들어 봅시다. 새로운 스프라이트 그리기 버튼을 눌러 '막대'스프라이트를 그려봅시다.

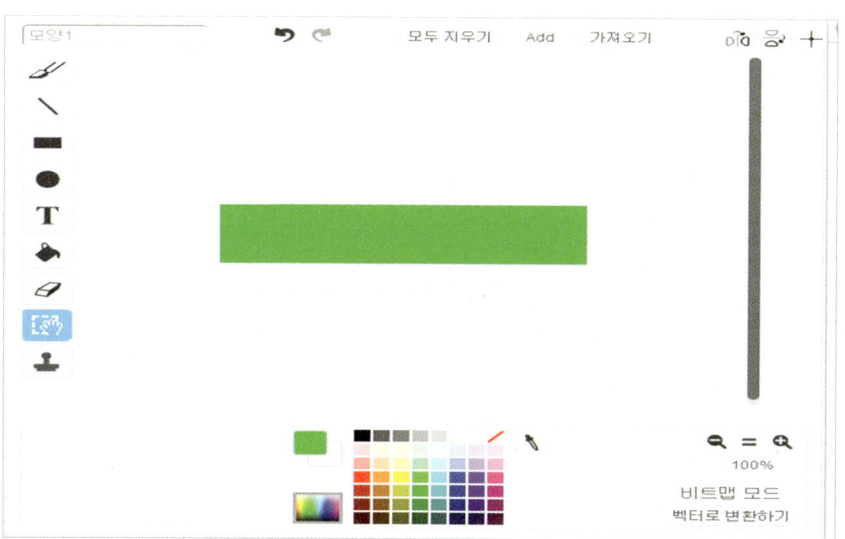

② 스프라이트에 '막대'라는 이름을 넣어줍니다.

③ 막대를 양 옆으로 움직일 수 있게 명령을 해 봅시다.

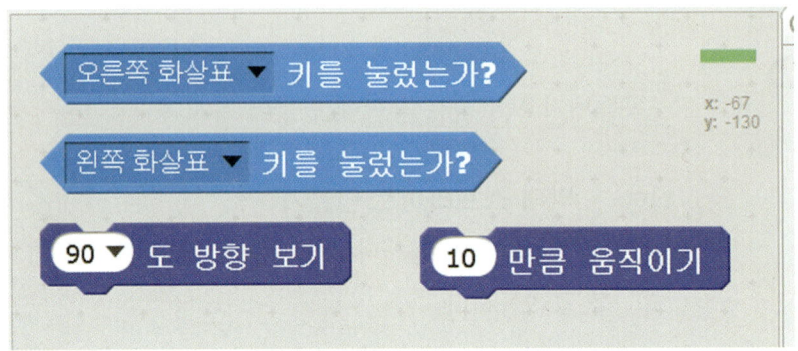

Logical Thinking

어떤 블록들이 필요할까요?
좌우 화살표 키를 클릭하면 모양에는 변화가 없고, 방향만 변화를 주어서 일정한 거리만큼 움직일 수 있도록 명령을 해 봅시다.

 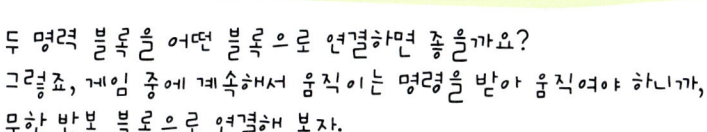

두 명령 블록을 어떤 블록으로 연결하면 좋을까요?
그렇죠, 게임 중에 계속해서 움직이는 명령을 받아 움직여야 하니까,
무한 반복 블록으로 연결해 보자.

④ 막대의 초기 위치를 정하기 위해 다음과 같이 게임이 시작되었을 때 우리가 정한 위치에 나타나서 우리의 명령을 기다리도록 해 주도록 합니다.

⑤ 위의 두개의 완성한 명령 블록들을 하나로 묶어서 막대 명령어를 완성해 봅시다.

Step 2 '공' 스프라이트

① 새로운 스프라이트를 가져와서 '공' 스프라이트를 만들어 봅시다.

② 다음을 생각하며 공이 막대에 닿으면 공의 방향을 전환하도록 하기 위해 공을 움직여 봅시다.

  Part 6. 핑퐁 핑퐁~ 벽돌깨기 1

Logical Thinking

공이 움직이는 데 필요한 조건들은 어떤 것들이 있을까요?
첫 번째 조건은 '막대' 스프라이트와의 연결입니다.

'공'이 '막대'를 만났을 때 어떻게 움직여야 할까요?
공의 방향을 전환하도록 명령을 넣으려면 어떤 것들이 필요한지 생각해 봅시다.

Logical Thinking

위의 블록들을 어떻게 배열하면 좋을지 그 알고리즘을 생각해봅시다.
자신이 생각한대로 블록들을 배열하고 실행해 봅시다.

③ 우선 공이 막대에 닿았을 때, 방향을 바꿀 수 있도록 명령을 합니다.

④ 공이 막대를 향해 들어온 각도를 180도에서 뺀 만큼의 각도로 튕겨져 나갈 수 있도록 명령해 봅시다.

 Part 6. 핑퐁 핑퐁~ 벽돌 깨기 1

⑤ 공이 자유롭게 움직일 수 있도록 아래와 같이 '난수'와 '방향보기' 블럭을 이용해 명령을 해 봅시다.

그런데 공이 벽을 넘어 사라져 버리네요.
어떤 명령 블록을 사용해야 할까?

⑥ "벽에 닿으면 튕기기"를 추가해 봅시다.

⑦ 게임이 시작됐을 때 공의 위치 정하기와 랜덤 각도 정해주기

'막대' 스프라이트와 마찬가지로 '공' 스프라이트 역시 게임이 시작됐을 때 공의 위치와 떨어지는 각도를 지정해줘야 합니다.
공의 위치를 정하고, 각도를 랜덤으로 지정하는 명령을 해 봅시다.

⑧ 공의 명령어 완성

모든 조건과 필요한 움직임 명령들의 알고리즘이 완성되었습니다.
블록들을 연결하여 공의 명령어를 최종적으로 완성해 봅시다.

Part 6. 핑퐁 핑퐁~ 벽돌 깨기 1   69

생각 다지기

벽돌 깨기의 핵심 스프라이트인 공과 바에 다양한 명령 블록들을 사용하여 게임 프로젝트를 만들어 봤습니다. 벽돌 깨기에서 공과 스프라이트에 쓰인 핵심 블록들은 무엇인가요? 직접 만든 게임의 구조를 정리해 봅시다.

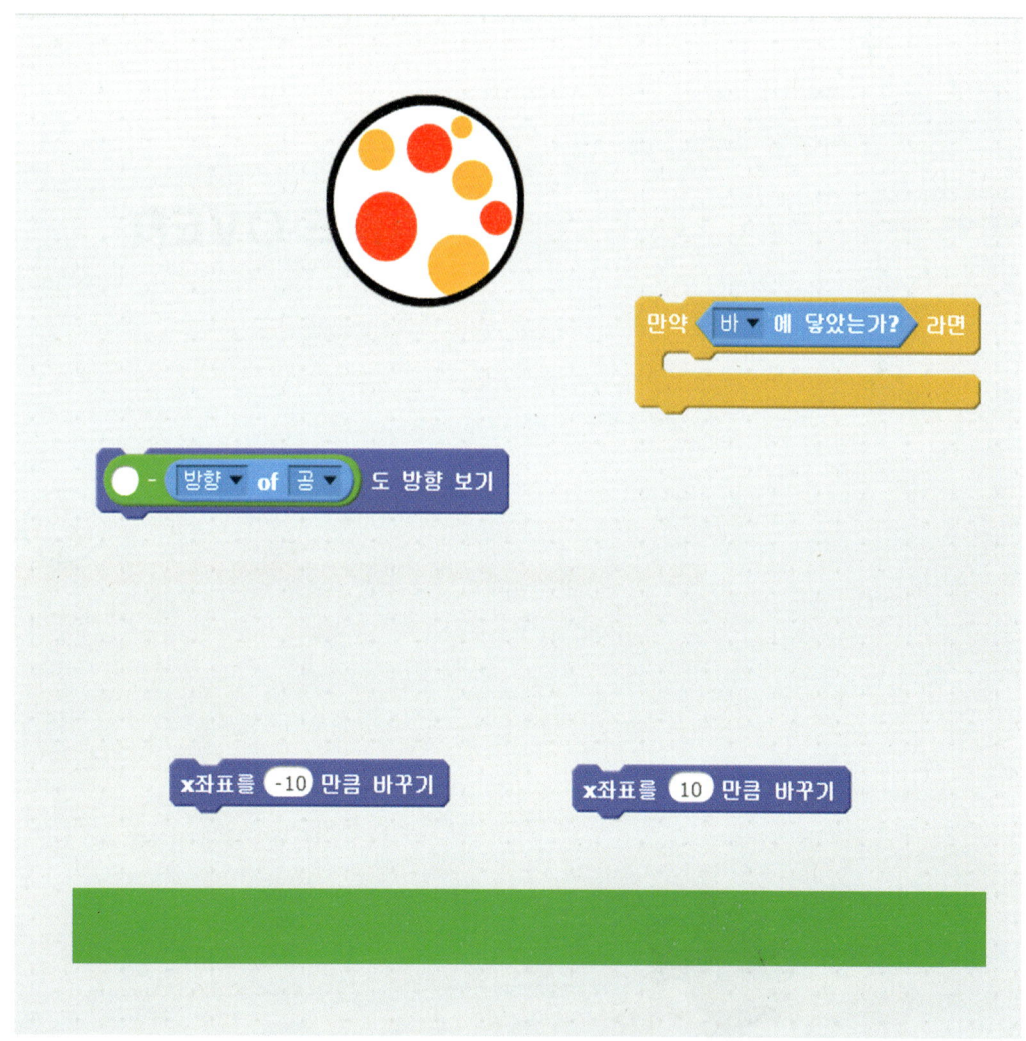

스크래치와 함께하는 창의 놀이터

생각나아가기

직접 만든 벽돌 깨기 게임을 실행해 봅시다.

공을 바로 받지 못하고 바닥에 떨어뜨려도 게임이 계속 진행됩니다. 바닥에 공을 떨어드리면 게임이 끝나게 만들어 봅시다.

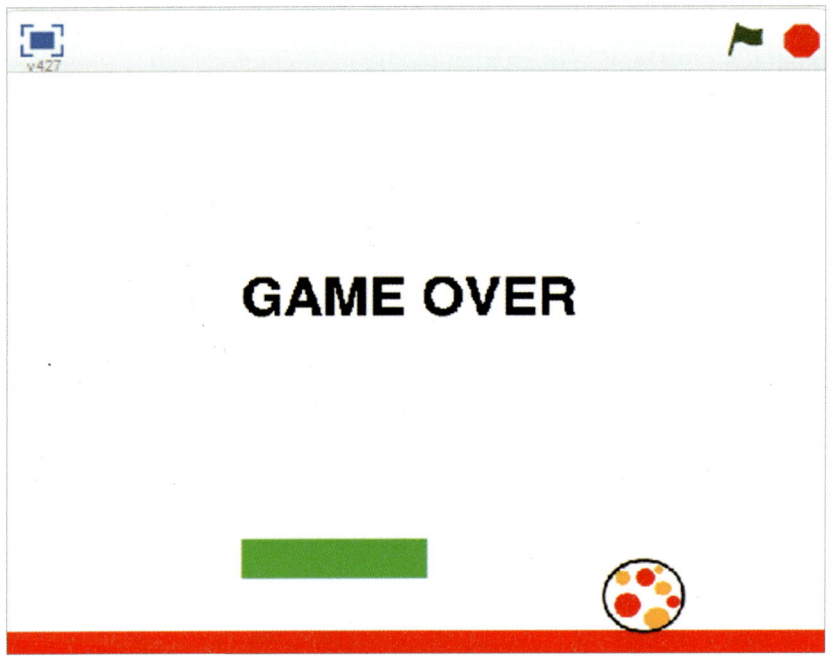

Tip!
배경에 스프라이트를 추가하고, 공에 스프라이트와 만나면 모든 스크립트를 멈추도록 해 봅시다.

part. 7 핑퐁 핑퐁~ 벽돌 깨기 ②

- 논리수학지능, 공간지능, 신체지능
- 정보처리능력
- 복잡-수렴

▶ "방향 보기" 블록과 "튕기기" 블록의 원리를 이해하고 활용할 수 있다.
▶ 벽돌 깨기 게임의 기본 프로젝트를 만들 수 있다.

본 수업에서는 지난 시간에 만든 벽돌 깨기 프로젝트를 가지고 "사라지기" 명령 블록에 대해 공부해 봅시다. 이 게임의 꽃인 벽돌 스프라이트를 만들고, 여러 가지 명령어 블록을 활용하여 벽돌 깨기 게임 프로젝트를 완성해봅니다. 그 후 학생들이 창의적인 아이디어를 추가하여 게임을 발전시켜 발표해보도록 합시다.

생각열기

다음 이야기를 읽고, 생각해 봅시다.

> 초원이는 바를 자유자재로 다루며 공을 원하는 방향으로 보낼 수 있게 되었습니다.
>
> 바로, 여러분이 지난 시간에 만든 벽돌 깨기 게임을 통해서 가능하게 된 것이죠.
>
> 그럼 오늘은 무엇을 하게 될까요?
>
> 자, 공이 어디로 날아가고 있습니까?
>
> 공이 벽돌을 향해 날아가고 있습니다. 공이 벽돌에 닿으면 무슨 일이 일어나게 될까요? 상상해 봅시다.
>
>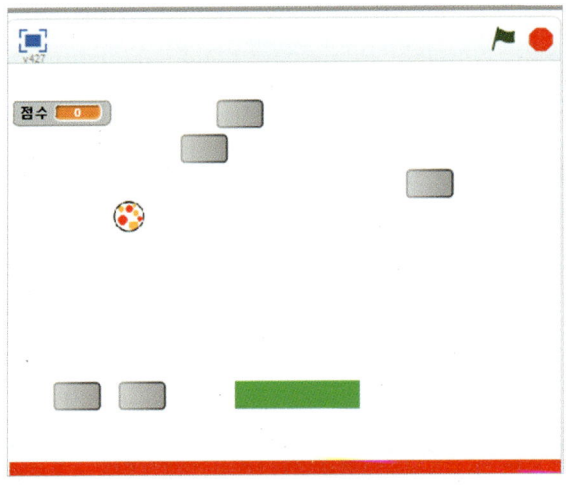

여러분, 벽돌 깨기 게임을 완성하기 위해서 어떤 스프라이트를 만들어 볼까요? 벽돌 스프라이트를 만들어 봅시다. 그리고 어떤 명령 블록들을 활용해야 하는지 생각해 봅시다.

Part 7. 핑퐁 핑퐁~ 벽돌 깨기 2   73

 생각 꺼내기

① 지난 시간, 생각 나아가기에 있었던 미션을 해냈습니까?

② 공이 바닥에 떨어졌을 때 어떻게 하는 것이 좋을까요?

③ 공이 벽돌을 맞히면 어떻게 되도록 하는 것이 좋을까요?

④ 공이 벽돌을 몇 개 맞혔는지 세어보기 위해 필요한 블록은 어느 카테고리에 있을까요?

여러분이 필요하다고 생각되는 명령을 아래의 그림에서 골라 O표 해 봅시다.

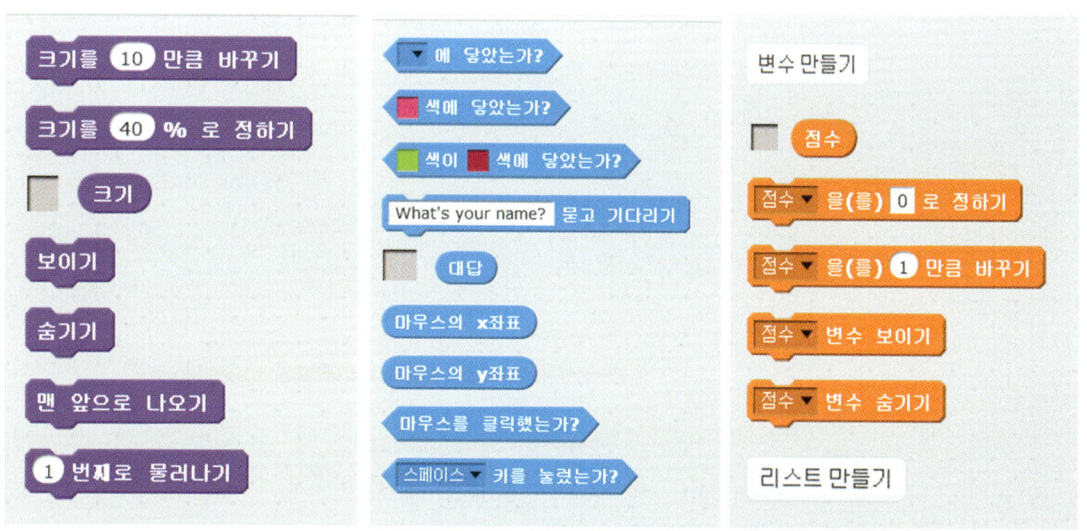

'공'과 만났을 때 '벽돌'의 움직임을 상상하며 필요한 명령블록들의 연결을 생각해봅시다. 그 때 추가될 점수에 대해서도 생각해 봅시다.

벽돌깨기 프로젝트를 함께 완성해 봅시다.

Step 1. 공이 빨간선에 닿으면 게임 멈추기

① 새로운 스프라이트 그리기 버튼을 눌러 '게임오버' 스프라이트를 그려봅시다. 스프라이트에 이름에 '게임오버'라고 넣어줍니다.

'게임오버' 막대와 무엇을 연결해볼까?
어떤 스프라이트와 연결해야 할까?

Logical Thinking

★ '공'이 막대에서 떨어져 '게임오버' 막대에 닿았을 때, 게임이 멈출 수 있도록 해 봅시다.

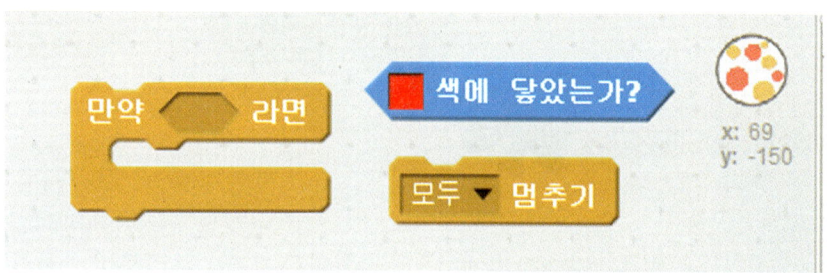

② '게임오버' 스프라이트의 색에 닿았을 때 모두 멈추기를 넣어봅시다.

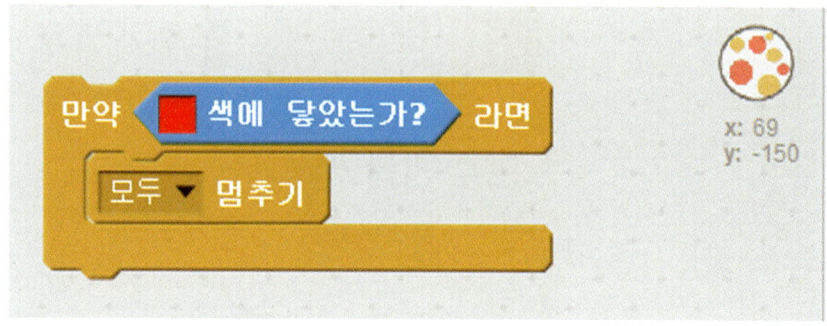

Step 2. 점수판 만들기

공이 벽돌을 맞혔을 때 그 개수를 세어 점수로 나타내줄 명령을 해 봅시다.

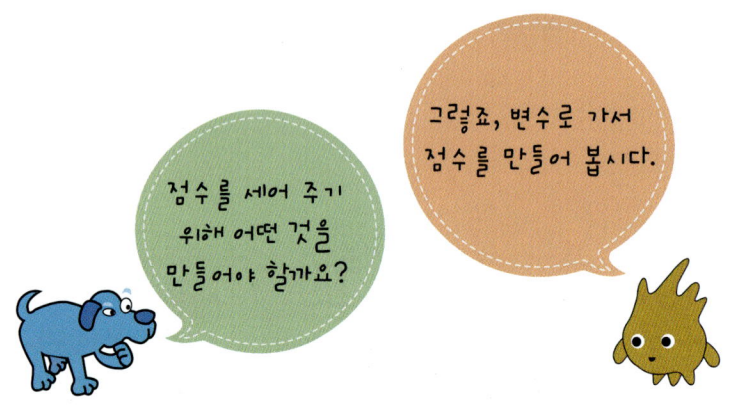

① 변수 카테고리에서 '변수 만들기'를 클릭하여 '점수'라는 이름으로 변수를 만들어 보세요.

  Part 7. 핑퐁 핑퐁~ 벽돌 깨기 2   77

화면에 '점수'가 생겼습니다.
게임을 시작할 때마다 점수는 몇으로
시작해야 할까요?

Logical Thinking

★ 게임이 시작할 때 '점수'가 '0'으로 시작할 수 있도록 명령을 해 봅시다.
어떤 스프라이트에 명령을 하면 좋을까 생각해 봅시다.

Step 3. 목표물 만들기

이제 무엇이 필요합니까?
'바'를 이용해 조준하고 '공'으로 맞혀 점수를 따낼 목표물, 바로 '벽돌' 스프라이트가 필요합니다.

① 벽돌 스프라이트 정하기: 새로운 스프라이트를 가져와 봅시다. 그리고 이름을 바꿔 줍시다.

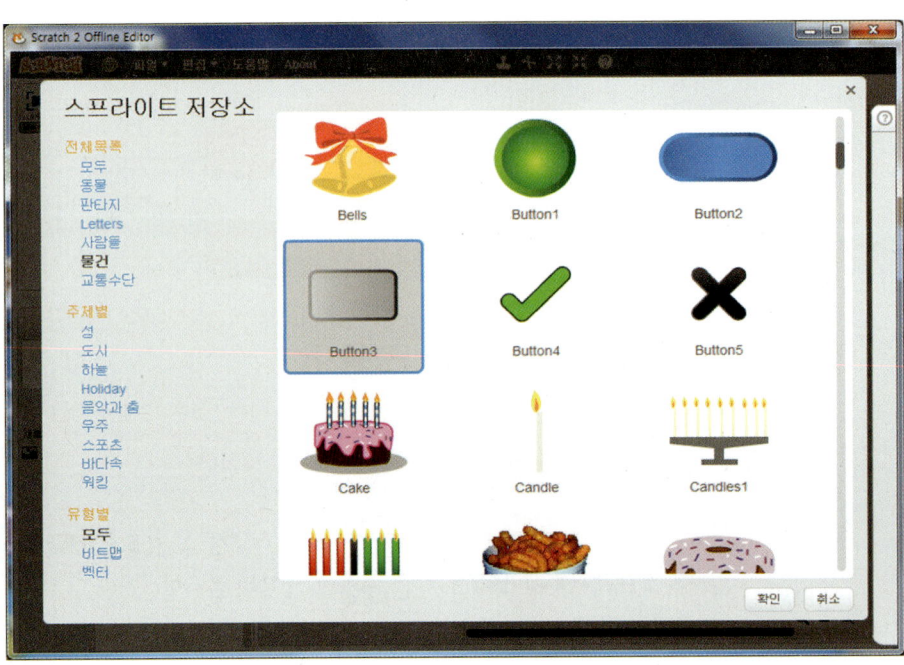

 Part 7. 핑퐁 핑퐁~ 벽돌 깨기 2

② 벽돌이 공에 닿으면 사라지게 만들기

벽돌이 공에 닿을 때 사라지게 하기 위해서는 다음과 같은 블록들이 필요합니다.
어떻게 연결할지 생각하며 블록들을 연결해 봅시다.

벽돌 스프라이트에 가장 중요한 명령은 무엇일까요?
그렇죠, 공에 맞았을 때 사라지는 것, 그리고 점수가 올라가는 것입니다.

이 블록들을 어떻게 연결해 명령을 완성할 수 있을지 생각해 봅시다.

③ 벽돌의 위치를 랜덤으로 정하기

벽돌의 위치는 어떻게 정해줄까요? 게임이 시작되었을 때 랜덤 위치에서 발생할 수 있도록 명령해 봅시다.

Part 7. 핑퐁 핑퐁~ 벽돌 깨기 2

81

④ 벽돌 명령어 완성

두 명령 블록을 연결하여 벽돌 명령어를 완성해 봅시다.

⑤ 벽돌 여러 개로 만들기

그런데 벽돌이 달랑 한 개? 우리에게 필요한 것은 무엇일까요?

바로 '복사' 기능을 활용하는 것입니다.

벽돌을 여러 개 만들어 배치해 봅시다.

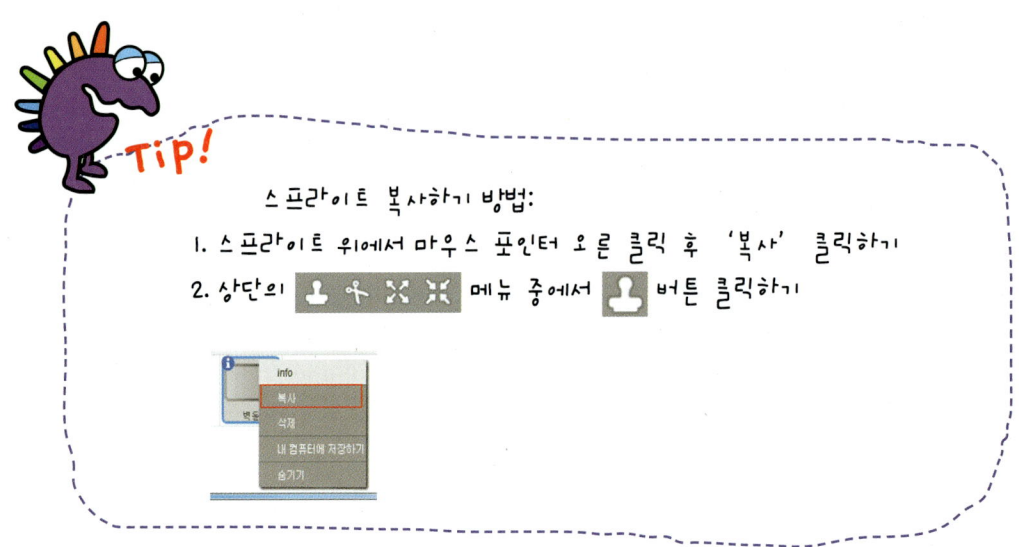

⑥ 게임 전체 모습

녹색깃발을 눌러 실제로 게임을 실행해서 공이 바에 잘 튕기는지, 벽돌을 맞히면 벽돌이 사라지고 점수가 올라가는지, 바닥에 떨어졌을 때 게임이 멈추는지 확인해 봅시다.

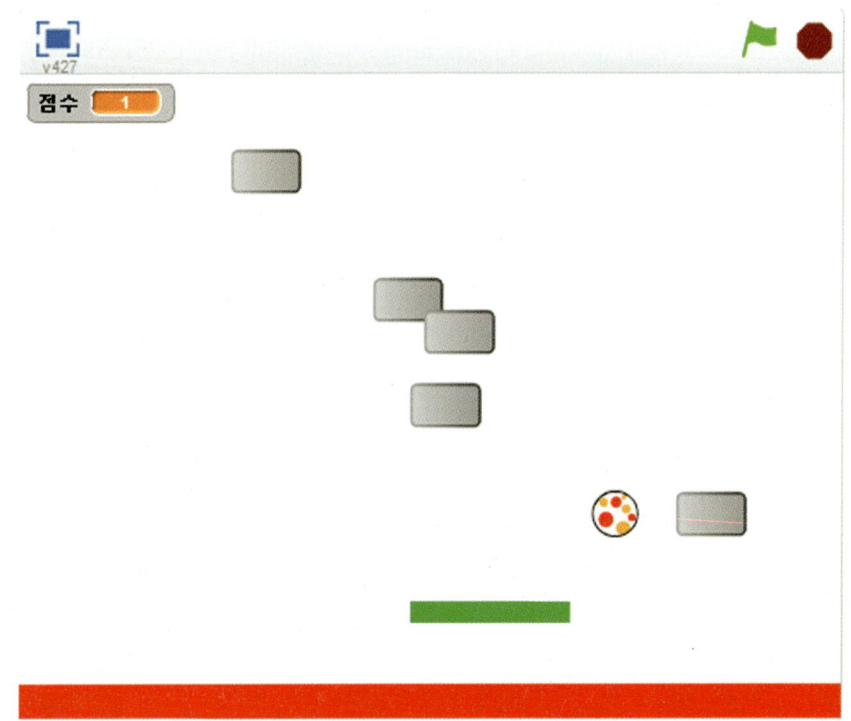

Part 7. 핑퐁 핑퐁~ 벽돌 깨기 2

생각 다지기

- 공이 벽돌에 닿았을 때, 벽돌 스프라이트는 어떻게 됩니까?
- 공이 벽돌에 닿았을 때, 공의 방향은 어떻게 결정됩니까?

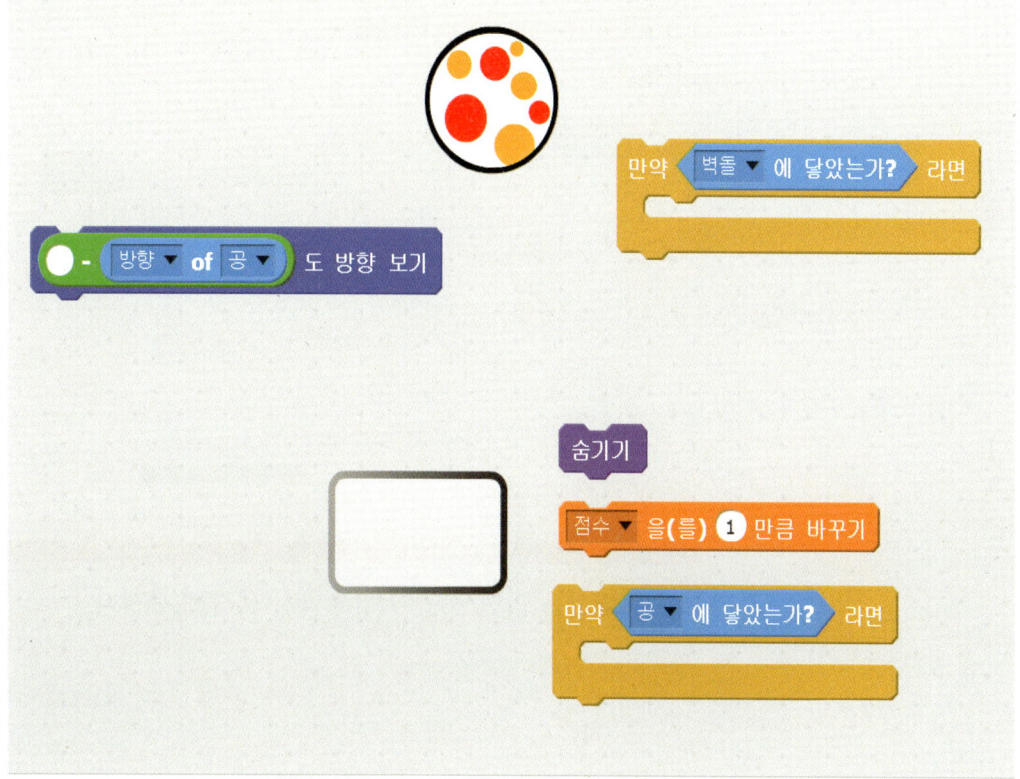

생각나아가기

벽돌 깨기 게임에 발전시키고 싶은 아이디어들이 떠올랐습니까?
어떻게 발전시킬지 아이디어를 떠올려 봅시다.
벽돌에 레벨을 추가해 보면 어떨까 생각해 봅시다.

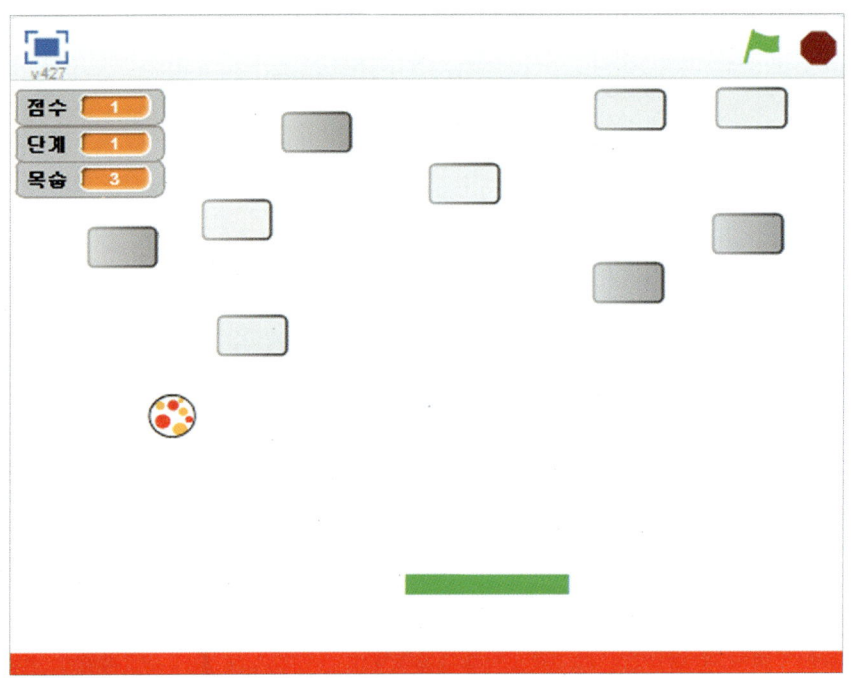

추가하기 위해서는 어떤 것들이 필요할지 생각해 봅시다.

> **Tip!**
> 처음 시작할 때 숨기기, 벽돌이 모두 사라지면 방송하기, 방송을 받으면 일정 부분의 벽돌이 추가로 보이기, 게임오버 바에 닿으면 목숨 -1 저장하기 등을 활용해 봅시다.

part. 8 미로게임 1

- 논리수학지능, 공간지능, 신체지능
- 정보처리능력
- 복잡-수렴

▶ "색에 닿기?"블록과 조건문을 이용하여 미로게임을 제작할 수 있다.
▶ 방향과 거리를 고려하여 미로를 통과하는 활동을 통해서 공간 감각을 기를 수 있다.

이번 시간에는 "관찰"목록 중에서 "색에 닿기?"블록에 대해 배웁니다. "관찰" 목록에 있는 블록들은 스프라이트의 변화를 포착할 수 있게 해줍니다. 그 중에서 "색에 닿기?"블록을 조건문과 함께 사용하여 스프라이트가 미로를 벗어날 수 없게 만들어 봅시다. 그런 다음 방향키를 조작하여 스프라이트가 미로에 닿지 않고 무사히 도착하도록 노력해 봅시다.

생각열기

다음 이야기를 읽어 봅시다.

> 사악한 마녀가 성으로 가서 공주를 납치하려고 음모를 꾸미고 있었습니다. 그런데 그 사실을 고보에게 들키고 말았습니다. 고보는 빨리 이 소식을 알리고자 성으로 출발했습니다. 마녀는 고보가 자기보다 늦게 도착하게 만들기 위해 한 가지 꾀를 내었습니다.
> '그래, 고보가 가는 길에 미로를 만들어서 길을 찾지 못하게 해야겠어. 그리고 벽에 마법을 걸어서 쉽게 통과하지 못하게 해야겠구나.'
>
>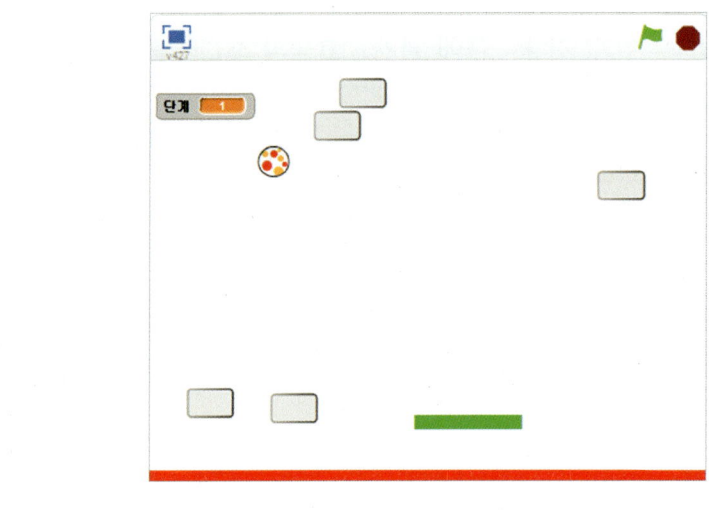

여러분은 이제 마녀의 입장이 되어서 고보가 통과하기 힘든 꼬불꼬불한 미로를 만들어 보겠습니다. 어떻게 만들면 될까요?

그리고 마법이 필요합니다.

고보가 벽에 닿으면 원래 자리로 돌아가게 하는 마법은 부리려면 어떻게 해야 할지 생각해봅시다.

생각 꺼내기

스프라이트를 제어하기 위해서는 스프라이트의 상태를 잘 관찰해야 합니다. 그래야만 상태변화에 따라 다른 동작을 할 수 있도록 할 수 있기 때문입니다. 그러기 위해서 "관찰"목록에 있는 블록들이 필요한 것입니다.

방향키 조작에 따라 스프라이트가 움직이게 하기위해서 또 벽에 닿으면 원래자리로 돌아가게 하기 위해서 아래에 있는 블록들 중에서 어떤 블록이 필요한지 생각해 봅시다.

좌로 움직이기	우로 움직이기

위로 움직이기	아래로 움직이기

닿으면 돌아가기	도착하면 끝내기

 생각 만들기

Step 1. 배경 만들기

그림판을 이용하여 미로 배경을 만들어 봅시다.

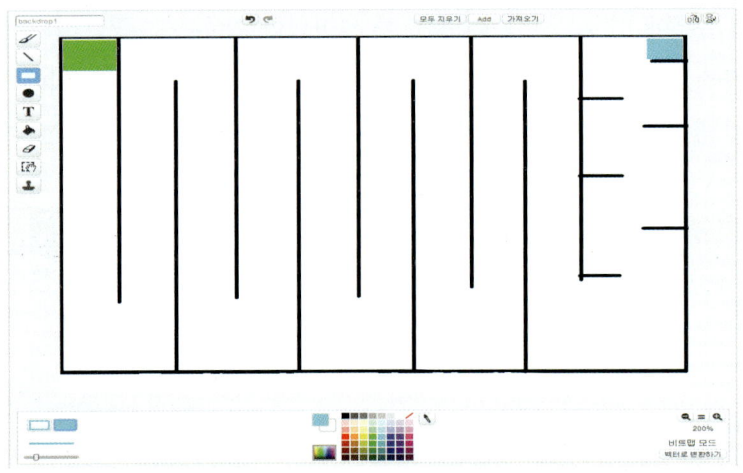

① 무대를 클릭한 후에, 배경 탭을 클릭합니다.

② 편집버튼을 눌러 배경편집 화면을 불러옵니다. 어떤 도구를 사용하는 것이 더 효율적일지 생각하여 미로를 그려봅시다.

이때 미로를 그리기 위해서 어떤 그리기 도구를 사용할 수 있을지 그림도구 중에서 골라 동그라미로 표시해 봅시다.
여러분은 어떤 그리기 도구를 선택했나요?

Part 8. 미로게임 1   89

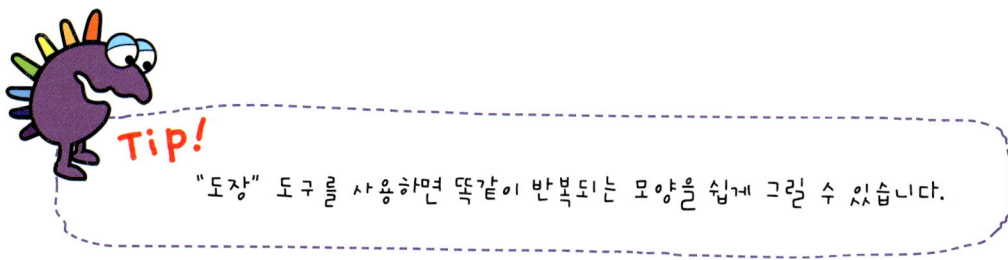

"도장" 도구를 사용하면 똑같이 반복되는 모양을 쉽게 그릴 수 있습니다.

Step 2. 시작할 때 '고보' 스프라이트가 출발선에 위치하게 만들기

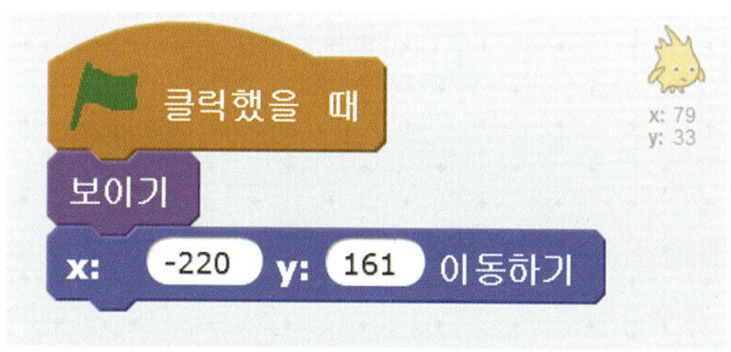

① 스프라이트 가져오기에서 '고보'를 찾아 불러옵니다.
② 배경에서 스프라이트가 위치해야 할 곳을 정한 후 스프라이트를 마우스로 끌어서 해당 위치에 놓습니다.
③ 이때 스프라이트의 위치에 해당하는 x값과 y값을 기억하여 특정 위치로 가는 블록에 입력하여 왼쪽과 같이 결합니다.

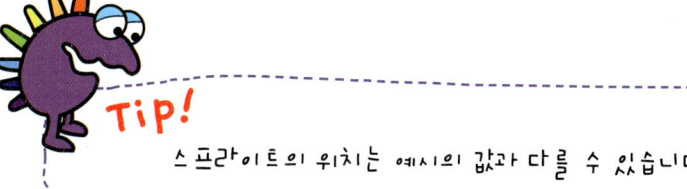

스프라이트의 위치는 예시의 값과 다를 수 있습니다.

Step 3. '고보' 스프라이트 움직이기

'고보'가 미로를 통과할 수 있도록 움직이게 만들어야합니다. 다음 조건에 따라 우리가 원하는 방향으로 고보를 움직이게 하는 스크립트를 만들어 봅시다.

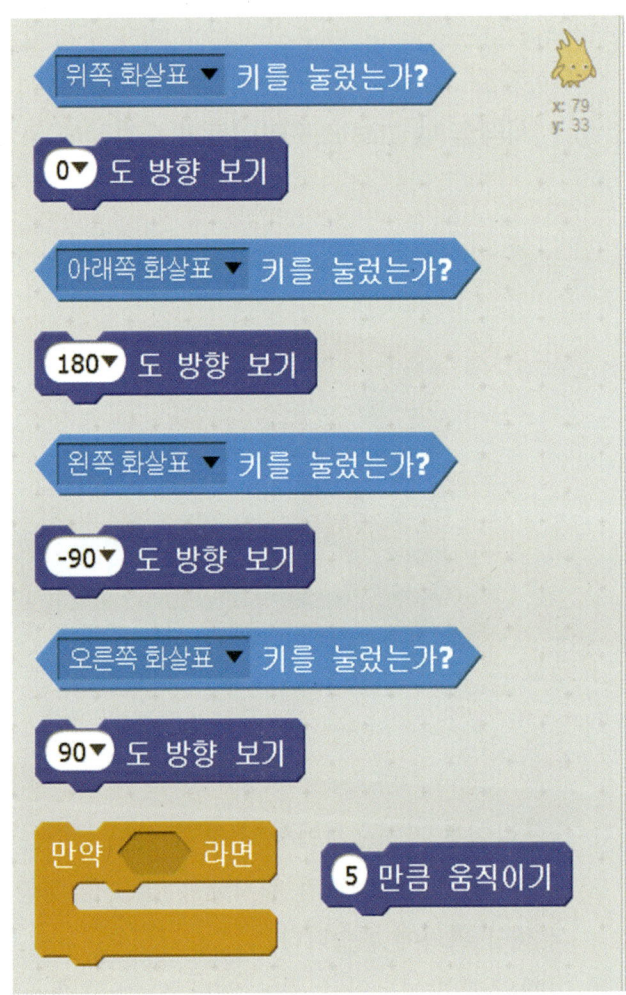

① 스프라이트를 움직일 때는 키보드의 화살표방향키를 사용하도록 합니다.
② 화살표방향키를 누르게 되면 스프라이트가 해당방향을 볼 수 있게 각도를 입력합니다.
③ 화살표방향키를 눌렀을 때 스프라이트는 현재 보고 있는 방향을 향해서 5만큼 움직입니다.

Logical thinking

★왜 무한반복 블록을 사용해야 할까요?

Part 8. 미로게임 1

Creative thinking

★예시에 나와 있는 블록 이외에 다른 블록을 이용하여 똑같은 결과를 도출할 수 있습니다.

Step 4. '고보' 스프라이트가 벽에 부딪히면 출발선으로 돌아가게 만들기

벽에 닿으면 출발선으로 돌아가는 벌칙을 주고자 합니다.

어떤 블록을 어떻게 조합해야 할까요?
현재 미로의 벽은 한 가지 색으로 되어 있다는 것을 관찰 할 수 있습니다.

다음 조건을 만족하도록 스크립트를 구성해 봅시다.

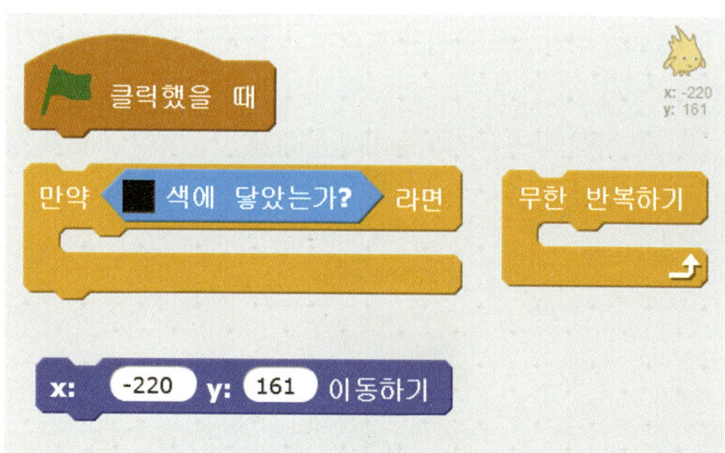

① 스프라이트가 미로벽에 닿으면 출발선으로 돌아가게 합니다.
② 게임이 진행되는 동안 조건을 만족하는지 계속적으로 확인해 주어야합니다.

Tip! 스포이드를 사용해서 해당되는 색을 클릭하면 손쉽게 원하는 색을 설정할 수 있습니다.

Step 5. 도착지점인 '성' 만들기

새로운 스프라이트 만들기에서 성을 불러온 후에 미로의 끝에 위치시킨다.

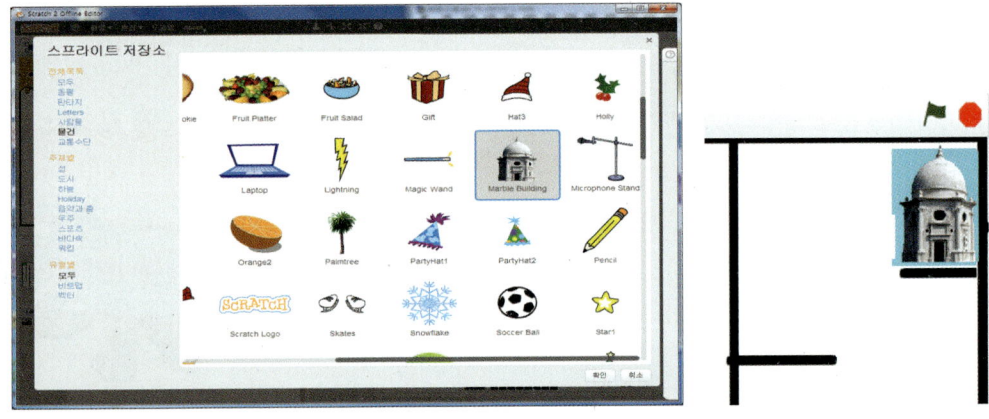

Step 6. '성'에 도착했을 때 일어날 일 정하기

고보를 움직여서 무사히 미로를 통과해서 성에 도착했습니다. 미션을 성공했을 때 고보는 성안으로 들어가 사라지고 도착을 알리는 소리가 나도록 만들어 봅시다.

① 아래의 조건문과 숨기기 블록을 사용하여 고보가 성으로 들어가 사라진 것 같이 만들어 봅시다.

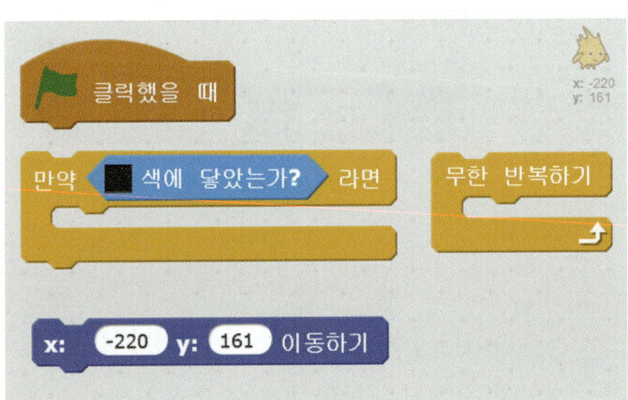

Part 8. 미로게임 1   93

② 소리탭에서 Fairydust라는 소리를 찾아서 고보가 성에 들어간 후에 소리가 나도록 만들어 봅시다.

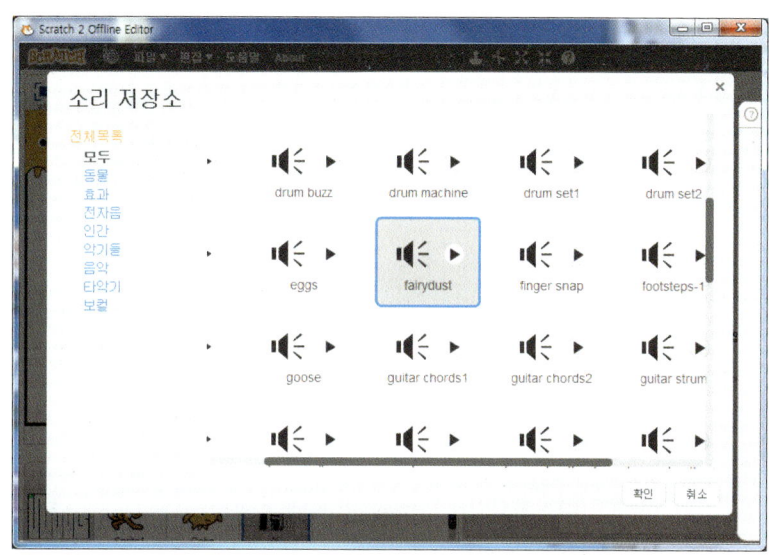

③ 아래 블록을 이용하여 게임이 성공적으로 끝나면 모두 멈출 수 있게 만들어 봅시다.

Creative Thinking

★게임에서 미션을 성공적으로 통과했을 때에 소리가 나는 것 이외에도 다양한 보상을 줄 수 있습니다. 어떻게 게임이 끝나면 좋을지 다양하게 생각해봅시다.

생각 다지기

지금까지 여러분이 만든 프로젝트를 정리해봅시다.
프로젝트에서 사용된 스프라이트와 배경 사이의 관계를 화살표를 이용하여 표현해 봅시다.

Logical Thinking
어떤 조건에서 어떤 일이 일어나야 하는지 생각하여 봅시다.

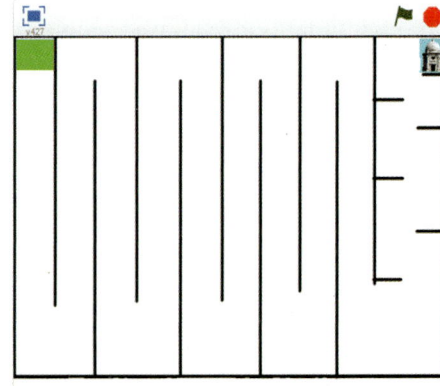

Part 8. 미로게임 1

생각나아가기

미션을 완수한 후에 끝나는 것이 아니라 다음 단계로 넘어가도록 만들어 봅시다. 어떠한 블록을 써야할까요?

먼저 배경에 다음단계 미로를 그려서 준비해 둡시다.

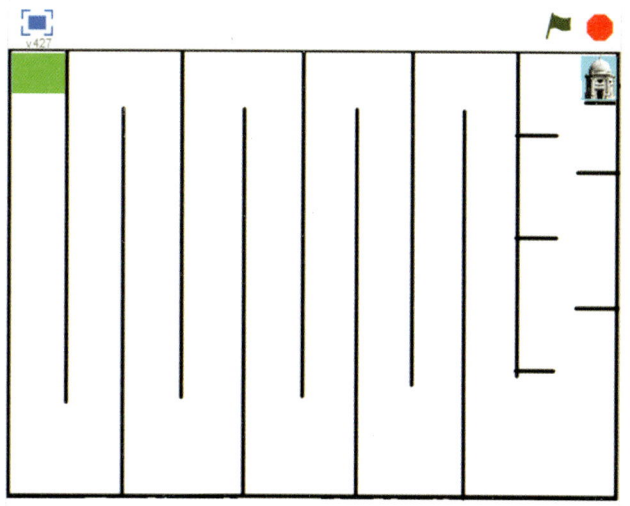

hint 스프라이트가 도착했다는 사실을 다른 스프라이트나 배경에 알리는 "방송하기" 블록이 있습니다. 어떤 스프라이트가 방송을 해야 할까요?

· 1단계를 통과했다는 사실을 알리기 위해 이 블록을 어느 스프라이트 어느 지점에 넣어야 할지 생각해 봅시다.
· 방송을 받을 때 스프라이트와 배경이 어떻게 바뀌어야 할지 정기해 봅시다.

	방송 받을 때 변화
"고보"스프라이트	
배경	

part.9 미로게임 2

- 논리수학지능, 공간지능, 신체지능
- 정보처리능력
- 복잡–수렴

▶ "스탬프" 블록을 이용하여 창의적으로 미로를 만들어서 게임을 진행할 수 있다.
▶ "타이머" 블록과 변수를 결합하여 점수판을 만들어 친구와 대결할 수 있다.
▶ 직각으로 움직이는 스프라이트의 동작을 이해하고 빠른 시간 안에 깃발에 도착시킬 수 있다.

이번 시간은 미로게임 두 번째 시간으로 단순히 미로를 통과하는 것에 그치지 않고 "스탬프"와 "타이머"기능을 이용하여 봅시다. "스탬프"기능을 이용하여 직접 미로를 만들어 통과하기도 하고, 얼마나 빨리 통과하였는지 확인하기 위해 목표에 "타이머"를 이용하여 목표에 도달하는데 걸리는 시간도 알 수 있게 만들어 봅시다. 이를 통해서 혼자서 즐기는 게임이 아니라 다른 친구와 기록을 비교해 봄으로써 실력을 향상시킵시다.

생각열기

초원이의 일기를 읽고, 생각해 봅시다.

> 수빈이는 스크래치로 미로게임을 만드는 방법을 배워서 다양한 기능을 추가하며 열심히 게임을 만들었습니다. 처음에는 내가 만든 게임이라서 마음이 더 가고 신기하기도 하여 재미있게 하였습니다. 그런데 게임을 계속하다가 보니 이런 의문이 들었습니다.
>
> '도대체 내가 미로를 통과하는데 얼마나 걸리는 걸까? 그리고 혼자 하니까 재미가 없어 친구랑 기록을 비교하면서 하면 재미있을 텐데'
>
> 그때 수빈이의 친구 수민이가 들어왔습니다.
>
> "야, 나도 게임 같이하자."

이제 새로운 미로게임을 만들어 봅시다. 미로도 직접 만들어 보고 자신의 기록도 알 수 있도록 다양한 기능을 추가해서 친구와 함께 게임을 즐겨봅시다.

Part 9. 미로게임 2

생각 꺼내기

친구와 함께 게임을 즐기기 위해서 서로의 기록을 비교해봅시다.

Step1. 목적지에 도착했을 때 걸린 시간이 표시되어야 합니다.
이때 사용할 수 있는 것이 관찰 목록의 "타이머"블록입니다.

Step2. 다양한 모양의 미로를 직접 그릴 수 있어야 합니다.
이를 위해서 펜 목록에서 "스탬프 찍기" 블록을 활용할 수 있습니다.

Step 3. 연속적으로 길 모양을 만들기 위해서 어떤 블록과 함께 쓰여야 할지 생각해 봅시다.

아래에 제시된 핵심 동작들을 수행하기 위해서는 어떤 블록이 필요할지 다음 표를 완성해 봅시다.

고양이 스프라이트 계속 전진시키기	90도 만큼 방향전환하기
스페이스▼ 키를 눌렀을 때	1▼ 키를 눌렀을 때
"■"모양의 점을 이동시켜서 길 만들기	"■"모양의 점을 이동시켜서 길 만들기
오른쪽 화살표▼ 키를 눌렀을 때	위쪽 화살표▼ 키를 눌렀을 때
지우개를 만들어 길 지우기	도착 시간표시하기
이 스프라이트를 클릭했을 때	만약 깃발▼ 에 닿았는가? 라면

 생각 만들기

Step 1. 고양이 이동시키기

이번에 미로를 통과할 주인공은 스크래치 고양이로 하겠습니다. 여러분은 이 고양이를 화면의 왼쪽 위에 위치시킨 후 다음 조건에 따라 스크립트를 작성하면 됩니다.

- "스페이스키"를 눌렀을 때 1씩 계속 이동한다.
- "1키"를 눌렀을 때 [↺ 90 도 돌기] 를 한 후 계속 이동한다.
- "2키"를 눌렀을 때 [↻ 90 도 돌기] 를 한 후 계속 이동한다.

Step 2. 미로 만들기

이 게임에서는 점과 [스탬프] 블록을 이용하여 스스로 미로를 다양한 모양으로 만들어 보겠습니다.

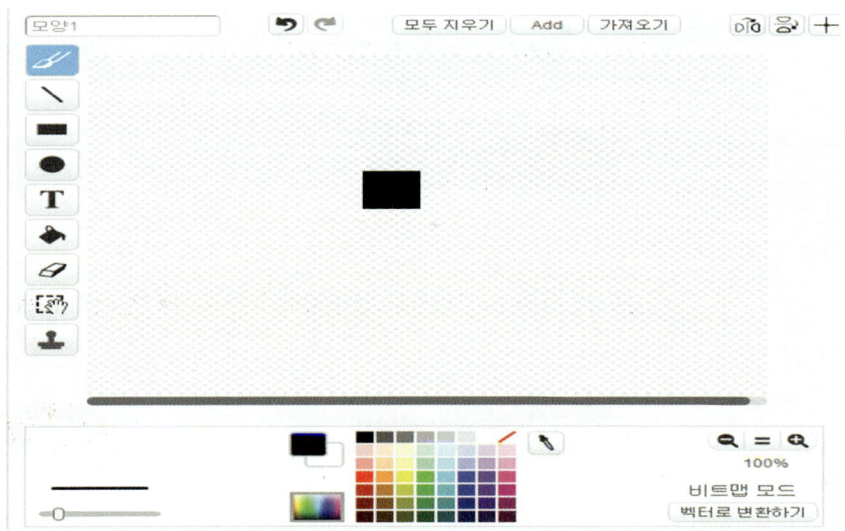

① 그림판을 이용해서 적당한 크기의 점을 하나 만듭니다. 이때 사각형 그리기나 원 그리기를 이용하면 빠르게 그릴 수 있다.
② 고양이 스프라이트의 위치와 미로 출발 위치를 고려하여 점을 위치시킨 후 복사해서 점을 하나 더 추가하여 통로를 만들 준비를 한다.

Part 9. 미로게임 2

Step 3. 미로 스크립트 완성하기

점이 모여서 선이 만들어지는 것입니다. "점" 스프라이트를 이용하여 길을 만들기 위해서 점을 여러 개 모을 필요가 있습니다. 그래서 도장찍기 블록이 필요한 것입니다. 스탬프는 말 그대로 도장을 찍는 것입니다. 점을 이동시키면서 도장을 찍는 다면 여러 개의 점이 생기게 되고 이 점들이 모여서 길을 만들어 줄 것입니다.

① 아래 그림과 같이 점의 처음 위치를 잡아 준 후에 오른쪽화살표 키를 눌렀을 때 10만큼 이동하면서 스탬프를 찍도록 명령할 수 있습니다.

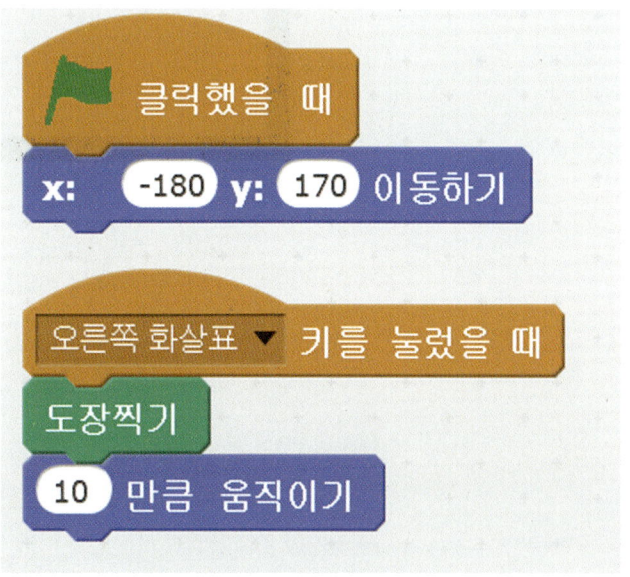

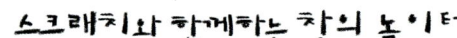

② 다음 질문에 대한 답을 생각하면서 다른 부분도 완성하여 봅시다.
- 왼쪽 화살표 키를 눌렀을 때는 몇 만큼씩 움직이면 될까요?
- 상하로 이동하기 위해서는 어떤 블록이 필요할까요?
- 아래에 있는 점을 상하좌우로 움직일 때는 어떤 키를 사용하는 것이 편리할까요?

③ 첫 번째 점에 대한 스크립트가 완성되었다면 초기 값과 방향키를 다르게 하여 두 번째 점도 완성해 봅시다.

④ 스크립트가 완성되면 방향키를 이용하여 아래 그림과 같이 미로를 만들어 봅시다.

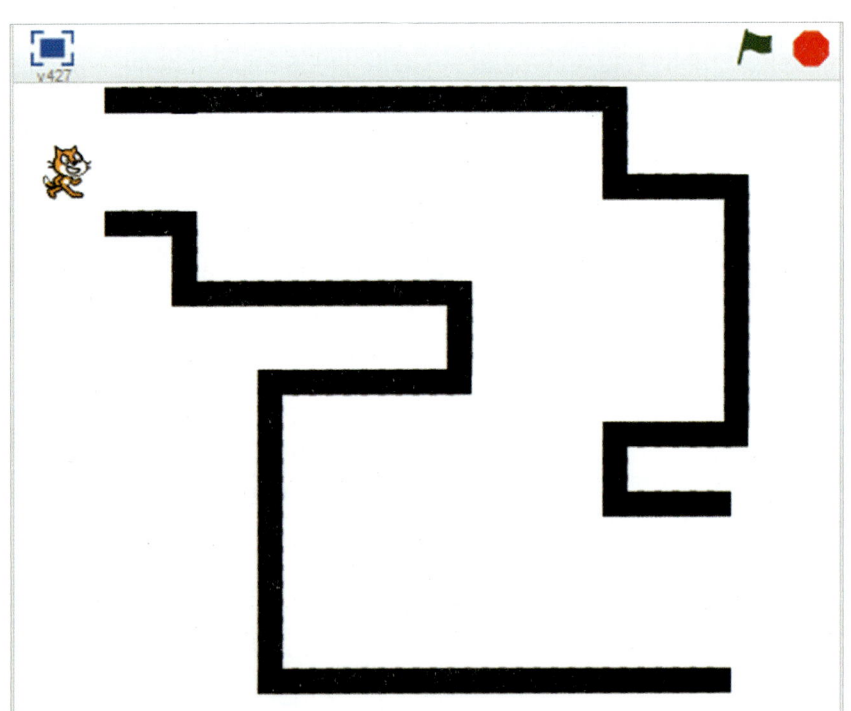

Part 9. 미로게임 2   103

Step 4. 지우개버튼 만들기

미로를 그릴 때 그리던 도중에 잘못 그리거나 다시 그리고 싶은 경우가 발생할 수 있어요. 또 다음 게임을 진행하기 위해서는 반드시 지웠다가 다시 그릴 필요가 있어요. 그렇기 때문에 선을 지울 수 있는 별도의 명령이 필요합니다.

① 어떤 블록을 사용하면 되는지 "펜"목록에서 "지우기" 블록을 더블클릭해 봅시다. 선이 지워지는 것을 확인할 수 있습니다.

이 블록을 실행시키는 방법에는 여러 가지가 있겠지만 이번에는 지우개 버튼을 만들어봅시다.

② 그림판에서 이용하여 버튼모양의 스프라이트를 불러온 후에 글씨쓰기 도구로 지우기 버튼을 표시해 봅시다.

③ 스프라이트가 완성되면 화면에서 적당한 위치에 버튼을 위치시킨 후 다음 질문에 답하며 스크립트를 구상해 봅시다.
- `이 스프라이트를 클릭했을 때` 지워져야할 스프라이트는 어느 것인가요?
- `이 스프라이트를 클릭했을 때` 다른 스프라이트에 지우개가 클릭되었다는 사실을 알리기 위해서 필요한 블록은 어느 것인가요? (hint : "제어"목록에 있음.)

④ 지우개 스프라이트는 방송을 하고 점 스프라이트는 방송을 받아서 지금까지 그린 것을 지우고 원래 위치를 돌아갈 수 있게 스크립트를 완성해 봅시다.

Creative thinking

★ 버튼을 만들어서 지우기 명령을 내리는 방법 이외에 선을 지울 수 있는 방법에는 어떤 것이 있을지 생각해 봅시다.

Step 5. 고양이가 미로 벽에 닿았을 때 돌아가기

방향을 바꿔주지 않는 다면 고양이는 무한히 한 방향으로 갈 것입니다. 이때 고양이 벽을 통과하지 못하게 하고 벽에 닿았을 때 벌칙을 주기위한 장치가 필요합니다. 이때 사용할 수 있는 것이 "만약~라면" 이라는 조건 블록입니다.

우리는 어떨 때 고양이 스프라이트가 미로 벽에 닿았다고 생각할 수 있을까요?
여러분이 미로를 잘 관찰해 본다면 미로이 색이 모두 같다는 것을 알 수 있을 것입니다.

- 고양이 스프라이트가 `만약 ■색에 닿았는가? 라면` 어디로 이동해야 할까요?
- 고양이가 다시 출발할 때 똑바로 나아가기 위해서는 어느 방향을 보고 있어야 할까요?

Part 9. 미로게임 2   105

Step 6. 지뢰 만들기

고양이가 너무 쉽게 미로를 통과하면 재미가 없겠죠?
어떻게 하면 조금 더 스릴 있는 게임으로 만들 수 있을까?

고양이가 지나갈 길에 지뢰를 만들어 봅시다.

① 그림판에서 지뢰 모양을 그립니다.

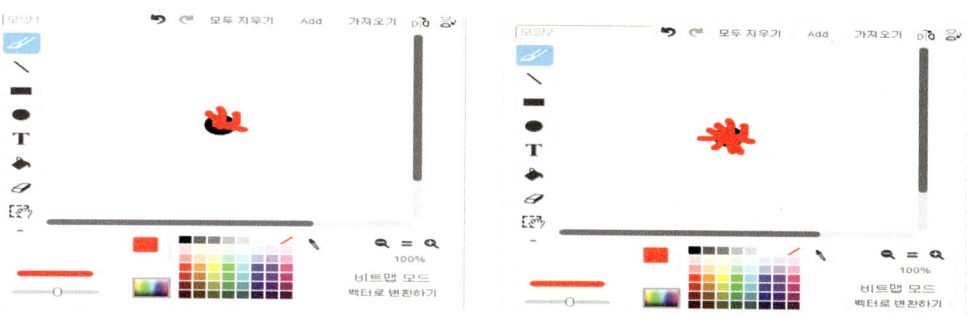

② 지뢰가 폭발하는 듯한 효과를 주기 위해 지뢰모양을 두 가지로 만듭니다.

③ 효과를 확인하기 위해서 모양1과 모양2를 번갈아 가면서 클릭해 봅시다.
④ 다음 질문에 대한 답을 생각하며 스크립트를 완성해 봅시다.
- 고양이가 지뢰에 닿는 다면 어떤 일이 일어나야 할까요?
- "모양 바꾸기" 블록은 고양이와 지뢰 중 어느 곳에 넣어야 할까요?
- 고양이가 지뢰에 닿았을 때 고양이에게 그 사실을 알리기 위해서 어떤 블록을 사용해야 할까요?

Step 7. 도착 지점 만들기

① 도착 지점은 그림판을 이용하여 간단하게 깃발 모양을 만듭니다.
고양이가 깃발에 도착한다면 미로를 지뢰를 피해서 미로를 무사히 통과했다는 것이고 게임은 종료하면 됩니다.

> 그런데 이렇게 게임을 끝내자니 게임적인 요소가 너무 적어 아쉬운 생각이 들지 않나요? 내가 얼마나 빨리 미로를 통과했는지 궁금할 것 같아요!

② 도착하는데 걸리는 시간을 측정하여 표시할 수 있는 스크립트를 만들어 봅시다.
③ 시간을 측정하기 위해서는 "타이머"블록을 사용해야합니다. 타이머를 활성화해 보면 시간이 초단위로 계속 흘러가는 것을 확인 할 수 있습니다. 출발할 때 '0'에서 시작해서 도착했을 때 그때 까지 걸린 시간이 표시되게 해야 할 것입니다.

Part 9. 미로게임 2   107

고양이가 출발 할 때 타이머는 '0' 이 되어야 합니다.
타이머를 '0' 으로 만드는 타이머 초기화 블록은 어디에 넣으면 좋을까요?

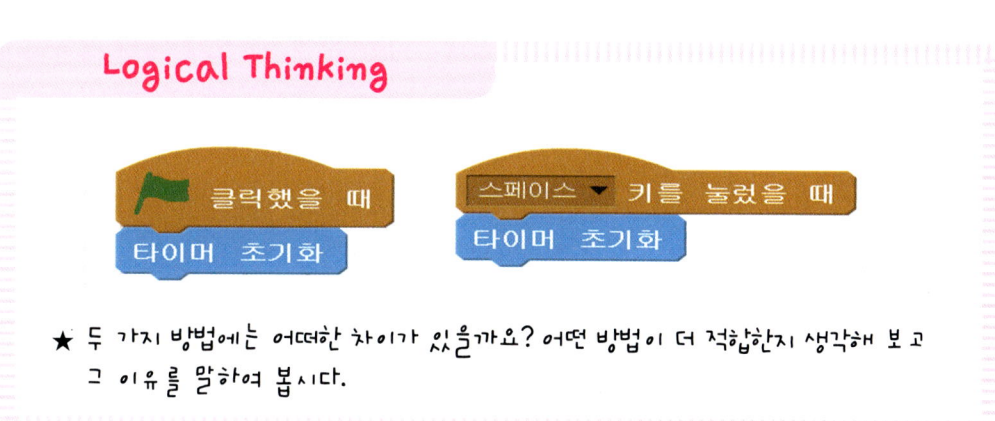

Logical Thinking

★ 두 가지 방법에는 어떠한 차이가 있을까요? 어떤 방법이 더 적합한지 생각해 보고 그 이유를 말하여 봅시다.

④ 이제 고양이가 출발할 때 타이머가 초기화되어 실행됩니다.

⑤ 도착할 때까지 걸린 시간을 기록하기 위해서는 변수가 필요합니다. 변수만들기를 이용하여 "시간"변수를 만들어봅시다.

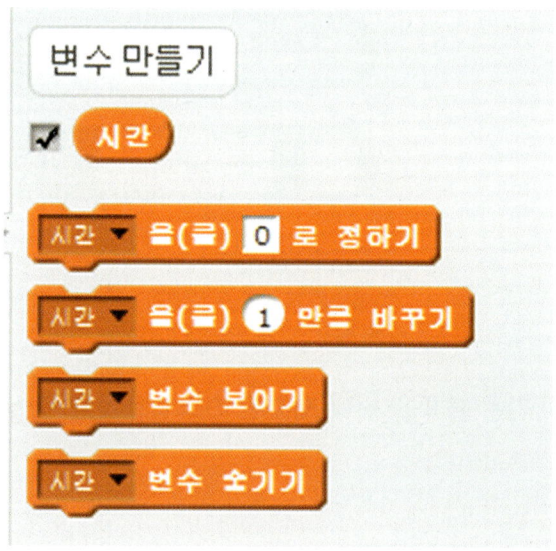

⑥ 아래 그림은 깃발 스크립트의 일부입니다. 고양이가 깃발에 닿았을 때 "시간"변수에 타이머를 저장한다면 고양이가 도착하는데 걸린 시간이 변수에 저장이 됩니다.

⑦ 이제 다음에 제시되어 있는 블록들을 잘 조합하여 깃발이 시간을 말하게 만들어 봅시다.

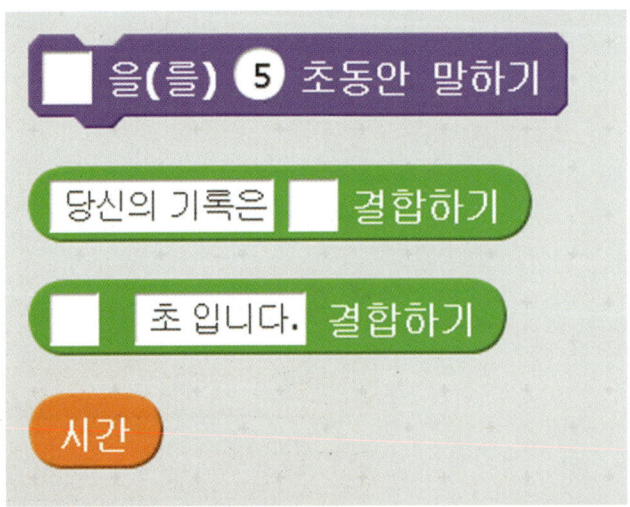

⑧ 만든 블록을 위에 제시된 스크립트에 끼워 넣어 스크립트를 완성해 봅시다.

Part 9. 미로게임 2

109

Step 8. 친구와 대결하기

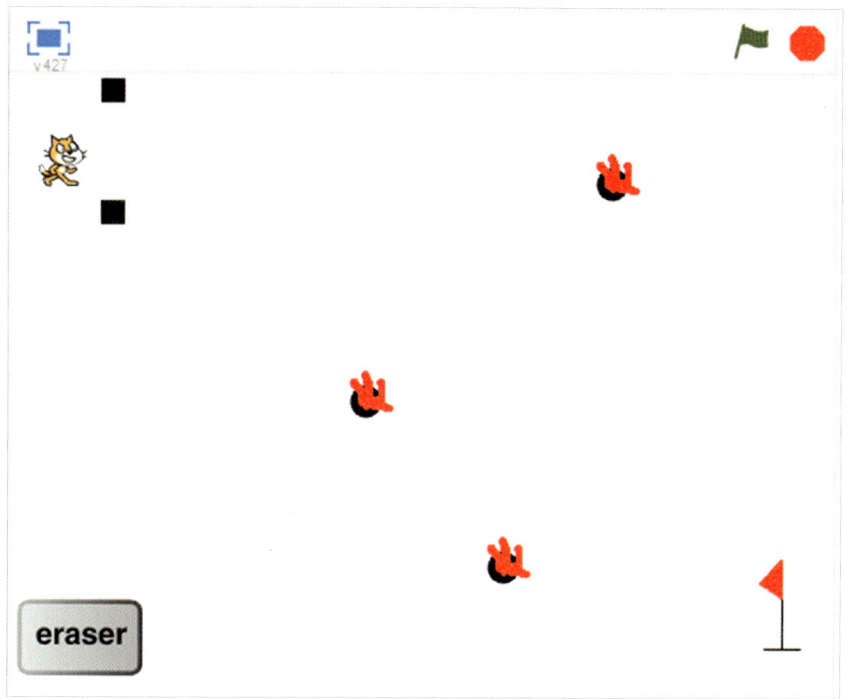

완성된 게임을 다음에 제시되는 방법에 따라 친구와 대결하여 봅시다.

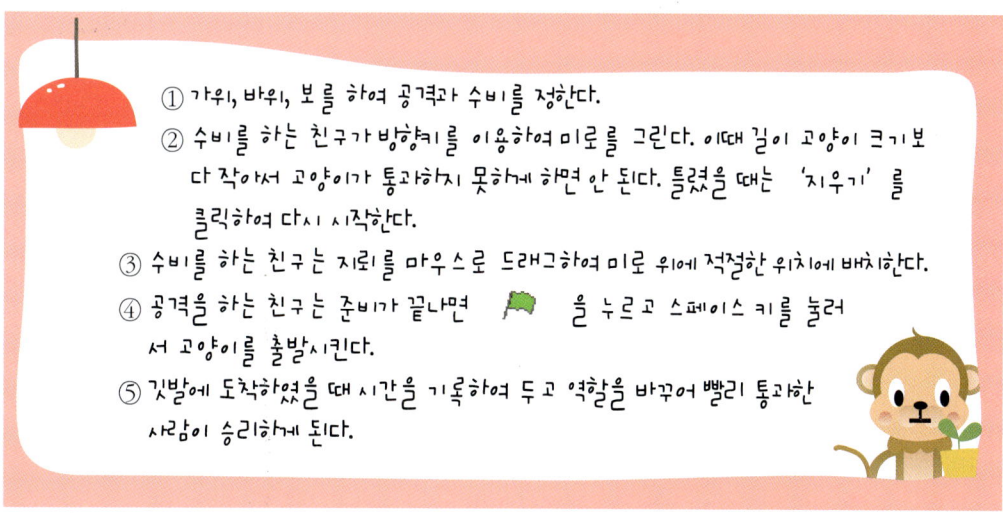

① 가위, 바위, 보를 하여 공격과 수비를 정한다.
② 수비를 하는 친구가 방향키를 이용하여 미로를 그린다. 이때 길이 고양이 크기보다 작아서 고양이가 통과하지 못하게 하면 안 된다. 틀렸을 때는 '지우개'를 클릭하여 다시 시작한다.
③ 수비를 하는 친구는 지뢰를 마우스로 드래그하여 미로 위에 적절한 위치에 배치한다.
④ 공격을 하는 친구는 준비가 끝나면 🚩 을 누르고 스페이스 키를 눌러서 고양이를 출발시킨다.
⑤ 깃발에 도착하였을 때 시간을 기록하여 두고 역할을 바꾸어 빨리 통과한 사람이 승리하게 된다.

생각 다지기

　미로통과게임의 핵심 스프라이트인 고양이, 미로, 지뢰, 깃발과 타이머, 변수 등을 활용하여 게임 프로젝트를 만들어 봤습니다. 스프라이트 사이의 관계를 생각하며 게임의 구조를 정리해 봅시다.

게임에 어떤 기능을 더 추가 할 수 있을지 생각하여 봅시다.

Part 9. 미로게임 2

생각나아가기

게임에서 벌칙만 있다면 공격하는 재미가 덜 할 것입니다. 닿았을 때 공격하는 사람에게 유리하게 작용하는 아이템을 만들어 봅시다.

● 아이템을 먹었을 때 어떤 기능이 추가 되면 좋을까요?
● 아이템이 무작위로 등장하기 위해서는 연산 목록에 있는 어떤 블록이 필요할까요?

part.10 나만의 프로젝트 구상하기

- 언어지능
- 자기성찰지능
- 논리수학지능

- 창의력
- 문제해결능력
- 의사소통능력

- 복합-발산

▶ 자신만의 프로젝트를 구상할 수 있다.
▶ 자신만의 프로젝트 시나리오를 만들 수 있다.

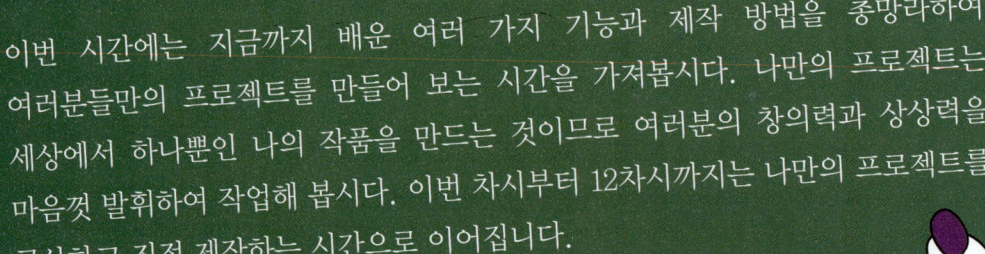

이번 시간에는 지금까지 배운 여러 가지 기능과 제작 방법을 총망라하여 여러분들만의 프로젝트를 만들어 보는 시간을 가져봅시다. 나만의 프로젝트는 세상에서 하나뿐인 나의 작품을 만드는 것이므로 여러분의 창의력과 상상력을 마음껏 발휘하여 작업해 봅시다. 이번 차시부터 12차시까지는 나만의 프로젝트를 구상하고 직접 제작하는 시간으로 이어집니다.

Part 10. 나만의 프로젝트 구상하기

생각열기

나만의 아이디어는 여러분의 주변에서 찾을 수 있습니다. 평소에 내가 만들고 싶었던 애니메이션이나 게임, 스토리텔링 등 다양한 주제를 생각해 보세요. 여러분이 너무나 잘 알고 있는 월트 디즈니도 '미키마우스'를 만들 때 자신이 어려웠던 시절 함께했던 생쥐에서 영감을 얻었다고 합니다. 여러분이 만들고 싶은 프로젝트의 장르를 정해봅시다. 아래 프로젝트처럼 여러분이 만들고 싶은 프로젝트의 영역을 생각해 봅시다.

애니메이션	시뮬레이터
 http://scratch.mit.edu/projects/thesuperguide-games/3076020	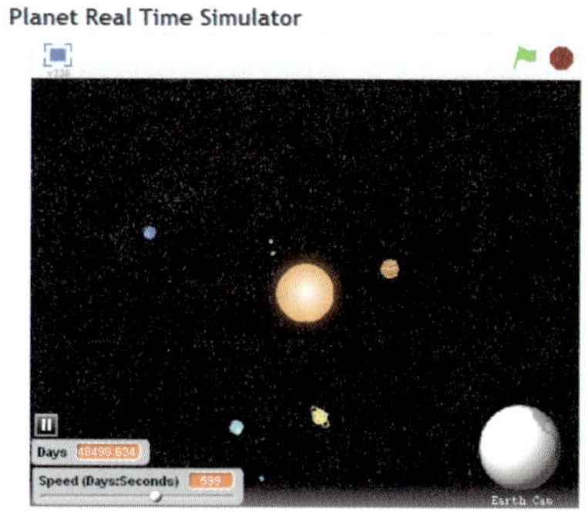 http://scratch.mit.edu/projects/jji7sky-line/3102918
위로 움직이기	아래로 움직이기
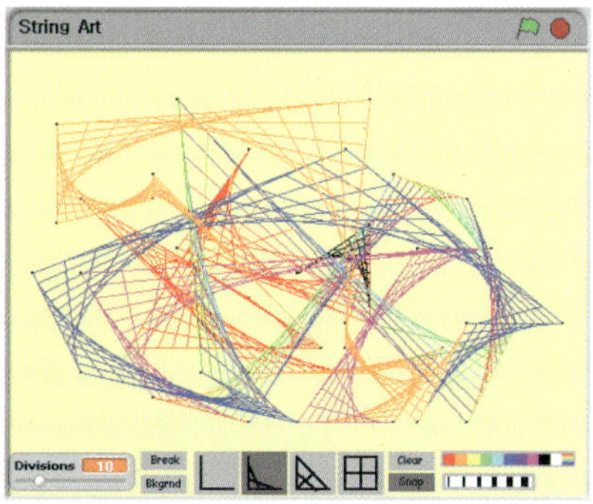 http://scratch.mit.edu/projects/Pad-dle2See/50076	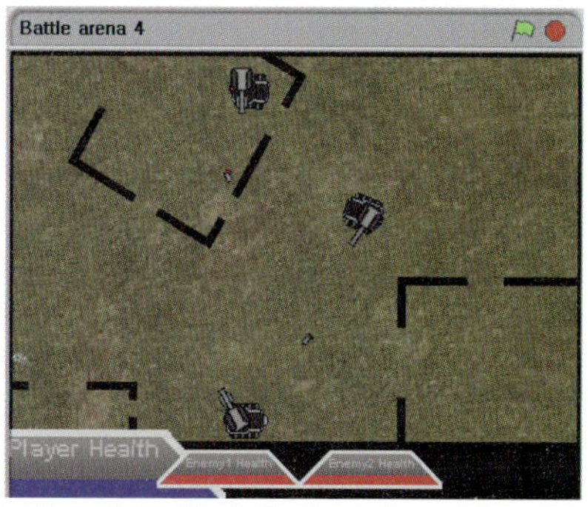 http://scratch.mit.edu/projects/pen-guin825/2940005

 생각 꺼내기

프로젝트 개발을 위한 단계를 생각해 봅시다.

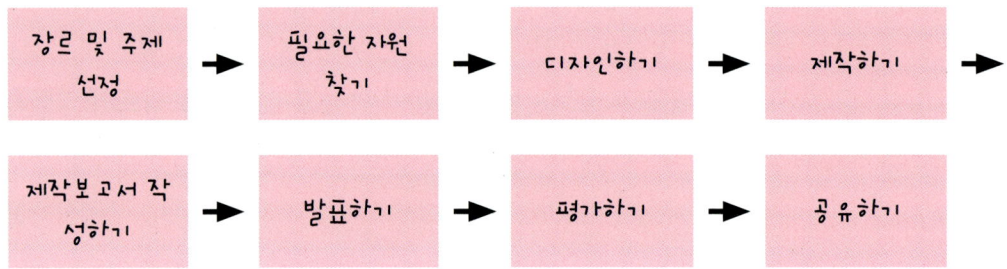

여러분이 만들 프로젝트의 장르와 주제 및 핵심 기능을 생각해 봅시다.

프로젝트 장르	☐ 애니메이션 ☐ 스토리텔링 ☐ 디지털 아트 ☐ 시뮬레이터 ☐ 음악프로그램 ☐ 게임	
프로젝트 주제	예) 앵그리버드와 같은 포물선 슈팅게임	
등장 캐릭터	이름	주요 기능

 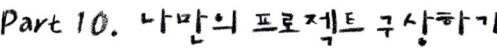 Part 10. 나만의 프로젝트 구상하기 115

 생각 만들기

Step 2. 여러분이 만들고 싶은 프로젝트의 스토리를 적어봅시다.

Step 3. 프로젝트 개발을 위해 꼭 필요한 예제나 기능, 협력자 등을 적어봅시다.

Step 4. 스토리 보드를 만들어 봅시다. 화면에 등장할 캐릭터와 어떤 기능이 필요한지 간단하게 스케치 해봅시다.

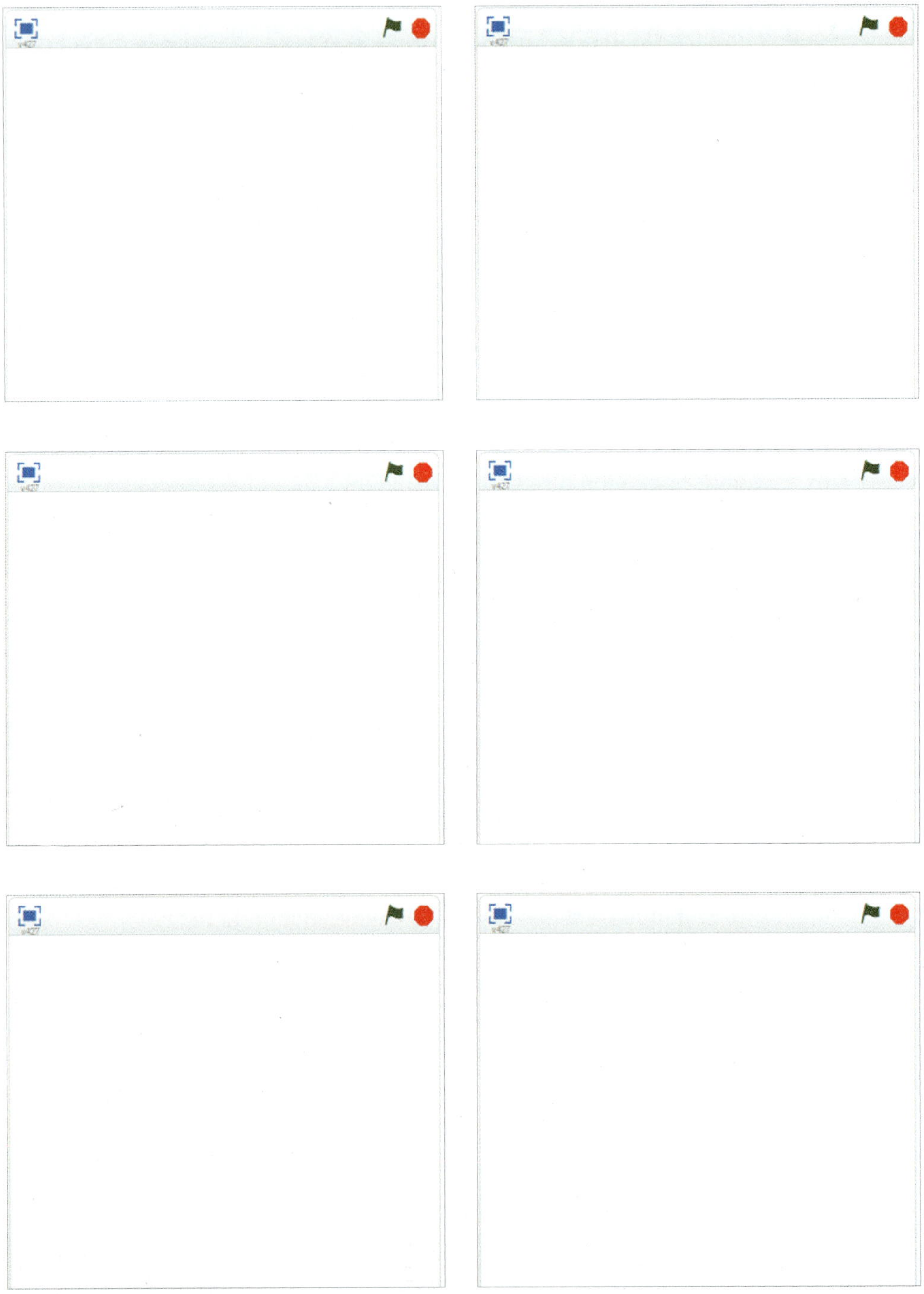

  Part 10. 나만의 프로젝트 구상하기

 **생각나아가기**

자신이 구상한 프로젝트에 대한 결과를 예측해 봅시다. 아래와 같은 질문에 대해 대답을 생각해 봅시다.

- 이 프로젝트를 통해 내가 표현하고 싶은 것은 무엇인가?

- 이 프로젝트는 어떤 특징을 가지고 있는가?

- 이 프로젝트는 다른 사람들에게 흥미로운 내용인가?

- 이 프로젝트는 독창적인가?

- 이 프로젝트는 재미있는가?

- 이 프로젝트를 통해 여러 가지 상호작용이 일어나는가?

- 이 프로젝트는 매력적인가?

part.11&12 나만의 프로젝트 제작하기

- 논리수학지능
- 공간지능
- 언어지능
- 대인관계지능

- 창의력
- 문제해결능력
- 정보처리능력
- 의사소통능력
- 국제사회문화이해

- 단순-수렴
- 복합-발산

▶ 자신만의 프로젝트를 만들 수 있다.
▶ 자신만의 프로젝트를 공유, 발표하고 평가할 수 있다.

지난 시간에 여러분이 구상한 스토리대로 프로젝트를 직접 만들어 봅시다. 나아가 자신이 만든 프로젝트를 발표하고 세계 여러 나라 친구들과 공유하며, 평가해 봅시다.

Part 11&12. 나만의 프로젝트 제작하기

 **생각열기**

지금까지 만든 자신만의 프로젝트를 친구들과 공유하고, 더 좋은 작품으로 만들도록 노력해 봅시다. 먼저 지금까지 만든 프로젝트 설명서를 작성해 봅시다.

프로젝트 설명서	
제목	
실행방법 (조작 키 등)	
활용방안	
포함된 기능	
의도한 아이디어	

스크래치와 함께하는 창의 놀이터

생각 꺼내기

여러분이 만든 프로젝트를 스스로 평가해 봅시다. 여러분의 프로젝트에서 자랑하고 싶은 부분과 고치고 싶은 부분을 적어봅시다.

가장 마음에 드는 부분	
가장 좋아하는 기능	
바꾸고 싶은 부분	

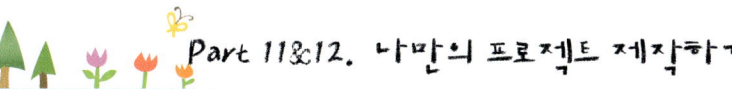

생각 만들기

Step 1. 다음과 같은 질문에 대해 여러분의 생각을 적어보세요.

- 여러분의 프로젝트의 스토리는 무엇인가요?

- 여러분은 어떤 프로젝트를 만들고 싶었나요?
  (재미있는, 유익한, 신나는, 스릴 있는, 아름다운, 귀여운, _____)

- 프로젝트를 개발할 때 느꼈던 감정과 생각은 무엇인가?

- 프로젝트를 개발하면서 재미있었던 점은 무엇인가?

- 다른 친구들에게 자랑하고 싶은 점은 무엇인가?

- 프로젝트를 만들면서 어떤 것을 배웠는가?

- 완성된 프로젝트에서 바꾸고 싶은 부분은 어떤 부분인가?

- 더 추가하고 싶은 기능은 무엇인가?

- 다음에는 어떤 프로젝트를 만들고 싶은가?

Step 2. 친구들 앞에서 자신의 작품을 발표해 봅시다.

Step 3. 발표 후 내 작품을 스스로 평가해 봅시다.

평가 내용	평가
작품과 작품의 스토리가 자연스럽게 연결되었나요?	☆☆☆☆☆
작품의 조작 방법이나 전략들을 잘 설명하였나요?	☆☆☆☆☆
내 작품은 재미있어 보이나요?	☆☆☆☆☆
내 작품은 조작방법이 편리하고 쉽나요?	☆☆☆☆☆
재밌고 창의적인 아이디어를 추가하였나요?	☆☆☆☆☆
친구에게 이 게임을 추천 해보고 싶나요?	☆☆☆☆☆

Step 4. 친구의 발표를 듣고 직접 조작해 보며 친구의 작품을 평가해 봅시다.

작품 이름 : _____   작품 만든이 : _____

평가 내용	평가
작품과 작품의 스토리가 자연스럽게 연결되었나요?	☆☆☆☆☆
작품의 조작 방법이나 전략들을 잘 설명하였나요?	☆☆☆☆☆
친구의 작품이 재미있어 보이나요?	☆☆☆☆☆
친구의 작품은 조작방법이 편리하고 쉽나요?	☆☆☆☆☆
재밌고 창의적인 아이디어를 추가하였나요?	☆☆☆☆☆
다음에도 이 게임을 해보고 싶나요?	☆ ☆ ☆ ☆ ☆

본 교재에서 사용한 양식 중 일부는 MIT Media Lab에서 만든 creative computing을 참조하였습니다.

 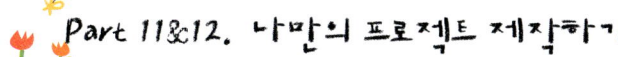

생각 다지기

친구들의 평가 내용을 바탕으로 수정할 부분을 적어봅시다.
추가로 수정되거나 추가되어야 할 것은 무엇인가요?

수정 및 추가해야 할 것	수정 방안

스크래치 홈페이지에서 작품을 만들고 공유해 봅시다.
(http://www.scratch.mit.deu)

스크래치 홈페이지에서 만들기를 클릭하면 내 컴퓨터에서처럼 스크래치 프로그램이 나타납니다. 온라인에서 내 작품을 만들고 로그인을 클릭하여 내 아이디와 비밀번호를 입력 한 후 로그인을 클릭하면 스크래치 사이트에 바로 업로딩 됩니다.

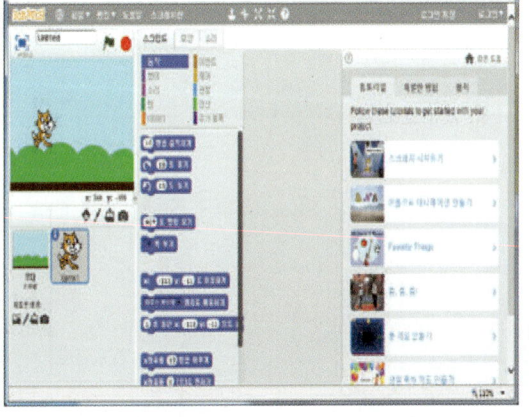
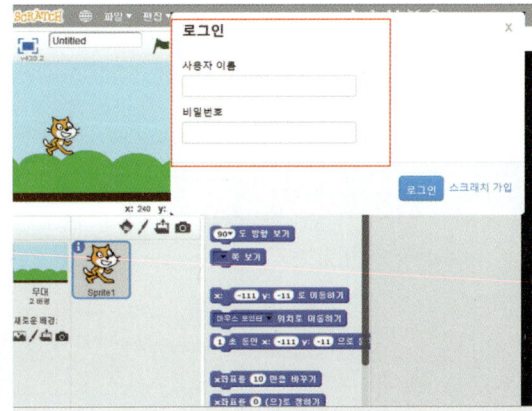

Part 11&12. 나만의 프로젝트 제작하기

> **Tip!**
> 여러분이 배우는 스크래치는 미래핵심 사고력인 Computational thinking의 요소 중에서 아래와 같은 기능을 배울 수 있습니다. 스크래치 사이트에서는 교육을 위한 여러 가지 소스를 제공하면서 스크래치를 통해 가르칠 수 있는 프로그래밍 개념을 다음과 같이 제시하고 있습니다.
> 출처 : http://scratch.mit.edu

개념	설명	
sequence	프로그램을 만들려면 절차와 순서에 따라 절차적으로 생각하는 것이 필요하다.	
iteration (looping)	'계속'과 '반복'은 반복(명령의 연속을 반복)을 위해 사용할 수 있다.	
conditional statements	'만약'과 '만약 ~아니면'을 사용하여 조건에 따른 분기를 만든다.	
variables	'변수'블록은 변수를 만들고 그것을 프로그램에서 사용할 수 있도록 해준다. 변수는 숫자나 문자를 저장할 수 있도록 해준다. 스크래치는 전역변수와 객체에만 포함된 변수, 둘 다 지원한다.	

lists(arrays)	'리스트'블록은 숫자의 리스트에 접근하고 저장하도록 해준다. 이러한 데이터 구조는 'dynamic array'를 고려할 수 있도록 해준다.	
event handling	'~키를 눌렀을 때'와 '스프라이트를 클릭했을 때'는 이벤트 핸들링의 예이다. 사용자나 프로그램의 다른 부분에서 이벤트 호출에 반응한다.	
threads(parallel execution)	두개의 블록이 동시에 실행되어야 할 때 독립적인 스레드가 병렬로 실행된다.	
coordination and synchronization	'방송하기'와 '방송 받을 때'가 결합되면 다중 스프라이트 액션을 만들 수 있다. '방송을 보내고 기다리기'는 synchronization을 가능하게 한다.	● 스프라이트 1 ● 스프라이트 2
random numbers	'난수'블록은 주어진 범위내에서 정수 난수를 발생시킨다.	

  Part 11&12. 나만의 프로젝트 제작하기 127

boolean logic	'그리고', '또는', '이가 아니다'는 불린 로직의 예이다.	
dynamic interaction	'마우스의x좌표', '마우스의y좌표'와 '음량'은 실시간 상호작용을 위한 다이나믹 입력으로 사용할 수 있다.	
user interface design	예를 들면 클릭가능한 스프라이트를 버튼으로 사용하는 등 인터랙티브한 사용자 인터페이스를 만들 수 있다.	